말씀하소서 듣겠나이다

| 황윤정 지음 |

쿰란출판사

그러나 내게는 우리 주 예수 그리스도의 십자가 외에 결코 자랑할
것이 없으니 그리스도로 말미암아 세상이 나를 대하여 십자가에
못 박히고 내가 또한 세상을 대하여 그러하니라

(갈라디아서 6:14)

글을 시작하며

중세시대의 교회는 성도들이 성경을 읽지 못하게 했습니다. 성도 스스로 성경을 읽다가 잘못 해석할 수 있다고 생각했기 때문입니다. 그래서 성도들은 성경을 가질 수 없었고, 성경을 가져서도 안 되었습니다. 그러니 성직 매매가 횡행하고 면죄부가 판매되어도 그것이 얼마나 잘못된 것인지 알 수 없었고, 바른 말도 할 수 없었습니다.

하지만 종교 개혁가 루터는 성경 말씀을 읽다 보니 교회가 성경에서 얼마나 멀리 떨어져 있었는지를 알게 되었습니다. 루터는 성직자들이나 심지어 교황조차도 성경을 잘못 해석할 수 있다며 성도들이 스스로 성경을 읽고 배워야 한다고 주장했습니다. 그래서 당시 일반인은 읽기 어려웠던 라틴어 성경을 자국어인 독일어로 번역했습니다. 성도들이 성경을 읽기 시작하자 종교 개혁은 폭발적인 힘을 발휘하게 되었습니다.

지금 한국 교회는 제2의 종교 개혁이 일어나야 한다고들 합니다. 교회가 세상을 걱정하는 것이 아니라, 세상이 교회를 걱정하고 있습니다. 왜 이런 일들이 일어나는 것일까요? 물론 다 그런 것은 아니지만 일부 교회에서는 성도들을 영성 깊은 그리스도인,

그리스도의 제자로 훈련시키기보다는 프로그램과 행사를 통한 교회 성장을 강조하기 때문입니다.

    종교 개혁으로 인해 성도들의 손에 성경이 들려지고 성도들이 성경을 읽기 시작하자 중세 교회가 새로워졌듯이, 한국 교회도 새롭게 변화되려면 성경으로 돌아가야 합니다. 목회자들이 성경을 깊이 읽고 묵상함으로 말씀과 기도에 푹 잠겨야 함은 물론, 초신자들과 기존의 신자들 역시 성경 읽는 것을 회복해야 합니다. 그럴 때 제2의 종교 개혁이 제대로 일어날 것입니다.

    이 책이 이 일에 조금이라도 도움이 될 수 있다면 더 바랄 것이 없을 듯합니다. 언제나 변함없이 저를 위해 기도해 주시는 카톡교회 성도님들에게 감사의 마음을 전하며, 이 모든 것은 오직 하나님의 은혜임을 고백합니다.

2023년 3월
황윤정

목차

글을 시작하며 _ 4

---

1. 하나님의 말씀을 가장 사모했던 사람

송이 꿀보다 더 달도다 • 13
법궤 앞에서 춤을 추다 • 15
내 마음에 맞는 사람 • 17
들어와도 복을 받고 나가도 복을 받으리라 • 19

2. 성경 읽기를 힘들어하는 이유

성경에 나오는 이름과 단어들이 생소해서 • 28
자신의 죄가 드러날까 봐 • 34
하나님을 향한 갈망이 부족해서 • 39
읽어야 하는 양에 대한 부담감 때문에 • 43

3. 성경은 어떤 책인가?

　구약은 예언, 신약은 성취 · 49
　하나님은 사랑이시라 · 52
　내게 대하여 증거하는 것이라 · 55
　세속 역사 속에 흐르는 하나님의 구원 역사 · 57
　성령의 감동으로 된 것으로 · 60

4. 성경을 읽기 전에

　내 영에 성령님이 계심을 믿어야 한다 · 65
　가르치시고 생각나게 하시리라 · 72
　방해될 수 있는 요소를 제거하자 · 76
　차례대로 읽어 나가는 것이 좋다 · 80

억지로 해석하려 하지 말라 • 83
꾸준하게 읽는 것이 중요하다 • 86
여전히 기다리고 계시는 성령님 • 88

5. 말씀하소서 듣겠나이다 • 93

6. 성경을 어떻게 읽을 것인가?

기도로 시작하기 • 100
성경을 읽고 묵상하기 • 102
묵상 후 다시 기도로 나아가기 • 106
암송으로 묵상의 깊이 더하기 • 109
한 구절의 말씀이 나를 변화시킨다 • 114
노트(경건의 일기)에 기록하기 • 119
기록의 중요성 • 121

7. 성경 읽기와 묵상 실습

성경 읽기와 묵상의 예 (1) · 125
성경 읽기와 묵상의 예 (2) · 126
성경 읽기와 묵상 실습 (1) · 127
성경 읽기와 묵상 실습 (2) · 128

8. 성경 읽기와 묵상은 순종으로 완성된다

그러나 욥바로 내려갔더니 · 132
시아버지를 용서해다오 · 137
이제야 작정헌금을 드립니다 · 141

1.

하나님의 말씀을
가장 사모했던 사람

신구약성경을 통틀어 성경을 가장 사모했던 한 사람을 찾아보라고 한다면 여러분은 누구라고 말씀하시겠습니까? 사람마다 견해의 차이가 있지만, 저는 조금도 주저함 없이 다윗이라고 말하고 싶습니다. 다윗처럼 하나님을 사랑하고, 말씀을 사모하며 묵상했던 사람은 찾아보기 어렵기 때문입니다.

송이 꿀보다 더 달도다

시편 119편 72절은 이렇게 말씀합니다. "주의 입의 법이 내게는 천천 금은보다 좋으니이다." 일부 신학자들은 시편 119편을 다윗이 썼을 것이라고 주장하지만, 대다수의 신학자는 작자 미상으로 보고 있습니다. 여하간 시편 119편을 쓴 시인은 하나님의 말씀이 천천 금은보다 좋다고 고백합니다.

불순물이 전혀 섞여 있지 않는 순수한 금인 순금은 예나 지금이나 대표적인 부의 상징으로 재산 축적의 수단이 되기도 합니다. 물론 고금리 시기가 찾아오면 금의 가치가 하락하기도 하지만, 그럼에도 경제가 불안할 때는 언제나 금이 안전한 피난처로 생각되어 왔습니다. 그런데 이 시편 기자는 그런 순금과 은을 셀 수 없이 많이 가졌다 할지라도 그것에 삶의 무게 중심을 두지 않는다고 말합니다. 도리어 하나님의 말씀을 더 좋아하고, 그 말씀을 세상 어떤 것과도 비교할 수도 없고 바꿀 수도 없다고 고백합니다.

이 시인과 같은 마음을 가진 사람이 바로 다윗이었는데 이와 비슷한 내용을 다윗은 시편 19편에서 이렇게 고백했습니다.

"여호와를 경외하는 도는 정결하여 영원까지 이르고 여호와의 법도 진실하여 다 의로우니 금 곧 많은 순금보다 더 사모할 것이며 꿀과 송이 꿀보다 더 달도다"(시 19:9-10).

'송이 꿀'이란 벌집에 들어 있는 꿀을 말합니다. 우리가 무언가가 정말 맛있을 때 "꿀맛이다!"라고 하지 않습니까? 그런데 그런 꿀보다 말씀이 더 달다는 것입니다. 하나님의 말씀이 얼마나 좋았으면 그런 고백을 했겠습니까? 다윗이 그만큼 하나님을 사랑하고, 하나님의 말씀을 사모했기 때문입니다.

법궤 앞에서 춤을 추다

그런 다윗의 모습을 가장 잘 보여 주는 것이 사무엘하 6장의 기록입니다. 하나님의 임재의 상징이요, 하나님의 말씀 곧 십계명이 들어 있는 법궤가 오벧에돔의 집에서 다윗성으로 들어올 때의 일이었습니다. 얼마나 기뻤던지 다윗은 노래를 부르고 박수를 치는 것에서 그친 것이 아니라, 법궤 앞에서 춤까지 추었습니다.

"다윗이 여호와 앞에서 힘을 다하여 춤을 추는데 그 때에 다윗이 베 에봇을 입었더라"(삼하 6:14).

이때 다윗은 이스라엘의 왕이었습니다. 왕이 백성들 앞에서 춤을 춘다는 것이 쉬운 일이었을까요? 왕의 체면과 권위가 완전히 땅바닥에 떨어지는 일이었습니다. 그러기에 왕으로서 쉽게 취할 수 있는 행동이 결코 아니었습니다. 아니나 다를까 왕후 미갈이 창밖으로 지켜보고 있다가 다윗이 들어오자마자 이렇게 쏘아붙입니다.

"이스라엘 왕이 오늘 어떻게 영화로우신지 방탕한 자가 염치없이 자기의 몸을 드러내는 것처럼 오늘 그의 신복의 계집종의 눈앞에서 몸을 드러내셨도다"(삼하 6:20).

그처럼 영화로운 위치에 있는 왕이 어리석은 자처럼 가치 없는 행동을 했을 뿐 아니라, 당시 사회에서 가장 천한 자들로 여겨졌던 신복의 계집종들 앞에서 왕의 품위를 땅바닥에 떨어뜨리고 말았다며 다윗에게 맹비난을 퍼부었습니다. 그리고는 경멸하며 업신여겼습니다. 하지만 그런 말을 들었을 때 다윗이 뭐라고 했습니까?

"다윗이 미갈에게 이르되 이는 여호와 앞에서 한 것이니라 그가 네 아버지와 그의 온 집을 버리시고 나를 택하사 나를 여호와의 백성 이스라엘의 주권자로 삼으셨으니 내가 여호와 앞에서 뛰놀리라 내가 이보다 더 낮아져서 스스로 천하게 보일지라도 네가 말한바 계집종에게는 내가 높임을 받으리라 한지라"(삼하 6:21-22).

다윗은 하나님 앞에서는 그보다 더 낮은 자세도 취할 수 있다고 말했습니다.

내 마음에 맞는 사람

그런 다윗이었기에 하나님은 "내가 이새의 아들 다윗을 만나니 내 마음에 맞는 사람이라 내 뜻을 다 이루리라"(행 13:22)라고 하셨습니다.

하나님의 말씀을 그렇게 사모했던 다윗을 하나님이 얼마나 높여 주셨던지 신구약성경에서 모세의 이름은 795회 나오지만, 다윗의 이름은 모세보다 85회가 더 많은 880회가 나옵니다. 그뿐 아니라 하나님은 다윗의 후손을 통해 예수님이 태어나게 하셨습니다.

"하나님이 약속하신 대로 이 사람의 후손에서 이스라엘을 위하여 구주를 세우셨으니 곧 예수라"(행 13:23).

하나님이 다윗에게 형통함을 주시고 복을 주셨기 때문입니다. 하지만 다윗에게 그렇게 비난을 퍼부었던 미갈은 왕후였음에도 평생 자녀를 낳지 못한 아픔을 간직한 채로 살다 생을 마쳐야 했습니다.

들어와도 복을 받고
나가도 복을 받으리라

어느 권사님은 처음 신앙생활을 시작할 때 성경 읽기도 함께 하셨는데 그때 정말 다윗이 고백한 것처럼 말씀이 송이 꿀보다 더 달게 느껴졌다고 합니다. 성경을 읽는데 눈물이 주르륵 흐르기 시작했고, 모두가 자신에게 하시는 말씀으로 다가왔습니다. 그러자 변화의 역사가 그 권사님의 내면에서부터 일어났고, 하나님이 그분에게 은혜와 복을 주시는 것을 저도 보게 되었습니다.

저는 중학생 때부터 교회를 다니기 시작했는데, 당시 집안 형편이 너무나 어려웠습니다. 공부를 하고 싶었지만 앞으로 계속 할 수 있을지 불확실했습니다. 그런데 어린 마음에 '하나님이 도와주시면 계속 공부를 할 수 있을 거야'라는 생각이 들었고, 그러던 중 신명기 28장을 읽게 되었습니다.

"네가 네 하나님 여호와의 말씀을 삼가 듣고 내가 오늘 네게 명령하는 그의 모든 명령을 지켜 행하면 네 하나님 여호와께서 너를 세계 모든 민족 위에 뛰어나게 하실 것이라 네가 네 하나님 여호와의 말씀을 청종하면 이 모든 복이 네게 임하며 네게 이르리니 성읍에서도 복을 받고 들에서도 복을 받을 것이며 네 몸의 자녀와 네 토지의 소산과 네 짐승의 새끼와 소와 양의 새끼가 복을 받을 것이며 네 광주리와 떡 반죽 그릇이 복을 받을 것이며 네가 들어와도 복을 받고 나가도 복을 받을 것이니라"(신 28:1-6).

말씀을 읽는 순간 그 말씀이 저의 가슴을 파고들었습니다. '하나님을 의지하고 성경 말씀을 따라 살아가면 하나님이 이 말씀처럼 길을 열어 주시고 복을 주시겠구나!' 하는 생각이 들자, 그 말씀을 있는 그대로 받아들였습니다. 그리고는 신명기 28장을 붉은 색연필로 줄을 그으며 읽고 또 읽었습니다. 하나님은 저의 그런 마음을 보시고 공부할 수 있는 길을 열어 주셨을 뿐 아니라 지혜까지 주셨습니다.

지난날을 돌이켜보면 이 모든 것이 하나님의 은혜요, 하나님의 선하신 손길에 의한 것이었습니다. 하나님이 그렇게 해주시지 않았다면 오늘날의 저는 없었을 것입니다.

담임 목회를 하면서 성도들을 위해 기도하거나 헌금기도를 할 때 이 신명기 28장을 암송하며 기도를 했던 적이 한두 번이 아니었습니다. 그러자 성도들의 가정에 하나님이 복을 주시는 것을 자주 보게 되었습니다.

이런 감동과 체험은 어느 특정한 사람에게만 주어지는 것이 결코 아닙니다. 하나님을 믿어 하나님의 자녀가 된 우리 누구에게나 일어날 수 있는 일이고, 하나님은 또한 우리 모두가 그런 은혜 속에서 살아가기를 원하십니다. 우리도 하나님의 말씀을 사모하며 읽고, 듣고, 순종하면 얼마든지 가능합니다.

2.

성경 읽기를
힘들어하는 이유

대다수 성도가 성경 읽기를 무척이나 힘들어합니다. 목사님들이 설교를 하면서 "성경을 반드시 읽어야 합니다"라고 강조하면 쥐구멍에라도 들어가고 싶은 심정이 될 때가 더러 있습니다. 그렇게 목회자가 성경 읽기를 강조하고, 신앙의 선배들 역시 성경 읽기를 권하기 때문에 성경을 읽어야 하는 당위성에 대해서는 잘 알고 있지만, 성경에 쉽게 손이 가질 않습니다.

일부 교회에서는 연초가 되면 성도들에게 성경 읽기표를 나누어 줍니다. 그리고 읽은 부분을 표시해 연말에 제출하면 시상을 하겠다고 합니다. 그렇게라도 동기 부여를 해서 성도들로 하여금 성경을 읽게 하려는 의도는 너무나 좋습니다. 그래서 성도들은 '그래! 올해에는 꼭 성경 1독을 해야지!'라고 결심을 합니다. 그러나 이내 그 결심은 작심삼일이 되고, 그새 애물단지가 된 성경 읽기표는 성경책 갈피에서 잠자게 되는 경우가 많습니다. 막상 읽으려 하니 성경 내용이 너무나 어렵게 다가오기 때문입니다.

그러다 보니 그저 의무감으로 성경을 읽는 것에서 그치거나 아예 읽지 않는 분들도 있고, 성경을 통해 하나님의 음성을 듣는 법도 모른 채 신앙생활을 합니다. 그리고는 주일 예배 시간에 듣는 설교로만 간신히 신앙생활을 지탱합니다.

물론 설교는 신학적인 훈련을 받은 목사님들이 오늘 우리의 현실에 맞게 하나님의 음성을 들려주는 것이기에 우리에게 절대적으로 필요합니다. 성경(text)을 우리의 현실(context)에 적용해서 말씀을 전하는 것은 결코 쉬운 일이 아닙니다. 그렇기에 성경을 해석해 우리 삶에 적용시키기 위해서는 고도의 신학적 훈련이 필요합니다. 그런 의미에서 목사님의 설교는 우리의 영적 생활을 위해 반드시 필요한 것으로 우리의 영적인 양식이요 지침서임을 어느 누구도 부인할 수 없습니다.

그러기에 말씀을 전하는 자는 듣는 자의 입장에서 들리는 설교를 해야 합니다. 들리지 않는 설교가 과연 하나님의 음성이라 할 수 있을까요? 설교를 어렵게 하거나 장황하게 해서 무엇을 말하고자 하는지 성도들이 이해하지 못한다면 제대로 들리는 하나님의 음성이라 할 수 없습니다.

그래서 말씀을 전하는 자는 기도의 골방에 들어가 하나님의 은혜와 긍휼하심을 구해야 하고, 영성 훈련에 정진해야 합니다. 나아가 책방과 서재를 가까이하면서 연구와 책 읽기를 게을리하지 말아야 하고, 심방을 통해 성도들의 상황을 잘 살피고 있어야 합니다. 이 모든 것을 바탕으로 해석한 성경 말씀을 성도들이 공감할 수 있도록 매우 쉽게 전할 때, 성도들은 자신에게 주시는 하나님의 음성으로 받아들이게 됩니다.

"너희가 우리에게 들은 바 하나님의 말씀을 받을 때에 사람의 말로 받지 아니하고 하나님의 말씀으로 받음이니 진실로 그러하도다 이 말씀이 또한 너희 믿는 자 가운데에서 역사하느니라"(살전 2:13).

하지만 설교는 모든 성도를 대상으로 하는 것이기에 개인적으로 만나는 사소한 문제까지 다루는 데는 한계가 있습니다. 물론 어느 날 선포된 설교가 오직 나 한 사람만을 위한 것 같을 때가 있습니다. 말할 수 없는 은혜가 임해 가슴이 벅차오르는 감격과 희열을 경험할 때도 있습니다. 다른 사람들은 모르지만 어느 주일에 선포된 설교가 내 자신의 잘못을 드러내면서 통회자복을 일으키기도 합니다. 눈물이 흐르고 내 속에서부터 변화가 일어나 신앙적인 결단을 하게 되기도 합니다.

그러나 문제는 언제나 그런 것은 아닙니다. 그래서 정상적인 그리스도인의 삶을 살아가기 위해서는 각자가 성경을 펴서, 내 삶과 내가 겪고 있는 현실 문제에 대해 말씀하시는 성령님의 음성을 들을 수 있어야 하고, 성령님의 인도함을 받을 수 있어야 합니다.

이런 점에서 지금 우리는 성경을 통해 하나님의 음성을 듣고 성령님의 인도함을 받으며 살아가고 있는지요? 혹시라도 일주일 내내 성경이 그대로 덮여 있는 것은 아닌지요? 그렇다면 성경을 읽는 것에 대해 우리는 왜 이렇게 부담감을 가지고 있는 것일까요?

성경에 나오는 이름과
단어들이 생소해서

그것은 아마도 성경에 나오는 용어들이 너무나 생소하기 때문일 수 있습니다. 기존의 성도들은 그런 용어에 대해 어느 정도 설명도 들었고, 또 기독교 문화에 젖어 있다 보니 이해를 잘하고 있지만, 처음 신앙생활을 시작하시는 분들은 그렇지 못합니다. 모든 것이 낯설기만 합니다.

우리가 초신자였을 때를 생각해 봅시다. 주일 예배를 드리기 위해 성경, 찬송을 들고 예배당에 갔습니다. 예배당 입구에서 안내하시는 분들이 주보를 나누어 주는데, 그 주보의 내용이 무슨 뜻인지 다 알 수 있었던가요? 아마 그렇지 않았을 것입니다. 신앙고백이 무엇인지, 대표기도가 무엇인지, 성경 본문이 '여호수아'라고 하는데 이게 어디에 있는 것인지 당황할 수밖에 없었습니다. 그래서 우리는 성경을 왼손으로 잡고 오른손으로 창세기부터 쭉 넘기기 시작했습니다. 그러다 '여호수아'라는 말이 보이면 펼치지 않았습니까?

물론 오늘날에는 교회들마다 강대상 뒤에 설치되어 있는 대형 자막에 찬송가 가사와 성경 본문까지 띄워 주기 때문에 별 어려움이 없기는 합니다. 또 성경 앱이 있어서 핸드폰만 있으면 쉽게 찾을 수도 있습니다.

저는 개인적으로 예배 시간에 봉독하는 성경 말씀만큼은 강대상 자막에 띄우지 말고, 성도들과 함께 직접 찾아 읽으면 더 좋지 않을까 생각합니다. 또 혼자 성경을 읽을 때도 핸드폰에 저장된 성경 앱보다는 성경을 직접 펴서 읽는 것이 더 좋지 않을까 합니다.

여하튼 예배를 드릴 때 기존의 성도들이 초신자 곁에 앉아 하나둘씩 설명해 주고, 찬송과 성경 찾는 법을 간략하게 가르쳐 주었더라면 더 빨리 이해하고 쉽게 적응할 수 있었을 텐데 대개는 그러지 못했습니다. 세월이 흐르다 보면 자연스럽게 그런 것도 알게 되고, 신앙도 성장할 것이라 생각했지만 가르침을 받지 않았는데 어떻게 신앙이 제대로 자랄 수 있겠습니까?

제자는 태어나는 것이 아닙니다. 훈련으로 만들어지는 것입니다. 훈련과 교육이 없다면 바른 성장을 기대하기란 어렵습니다. 성경을 읽어 나가는 간단한 원리마저 가르침을 받지 못하다 보니 생소한 단어가 나오면 어려움을 느껴 성경 읽기를 포기해 버리게 되었던 것입니다. 그러다 보니 시간이 흐르면서 신앙의 연수는 늘어났지만 성경과는 멀어지는 결과가 초래되었던 것은 아닐까요?

우리는 유대인이 아닙니다. 한국 사람입니다. 한국에서 태어나 자라다 보니 한국 사람의 문화와 독특한 풍습에 익숙해져 있습니다. 그런 우리가 한국 사람의 안경을 끼고 유대인을 통한 하나님의 구원 역사인 성경을 읽으려 하니 어려운 일이 왜 아니겠습니까?

성경에 나오는 용어들 가운데 '할례'라는 것도 처음 성경을 대하는 분들에게는 너무나 생소합니다. 거듭남, 구원, 영생, 성령님, 이런 단어도 마찬가지입니다. 성경에 나오는 낯선 이름과 지명 또한 우리가 성경을 읽어 나가는 데 큰 장애가 될 때가 있습니다. 창세기를 읽다 보면 처음에는 진도가 잘 나갑니다. 그런데 창세기 4장에 이르면 족보가 나오는데 거기서부터 막히기 시작합니다.

"에녹이 이랏을 낳고 이랏은 므후야엘을 낳고 므후야엘은 므드사엘을 낳고 므드사엘은 라멕을 낳았더라 라멕이 두 아내를

맞이하였으니 하나의 이름은 아다요 하나의 이름은 씰라였더라
아다는 야발을 낳았으니 그는 장막에 거주하며 가축을 치는 자
의 조상이 되었고 그의 아우의 이름은 유발이니 그는 수금과
퉁소를 잡는 모든 자의 조상이 되었으며 씰라는 두발가인을 낳
았으니 그는 구리와 쇠로 여러 가지 기구를 만드는 자요 두발가
인의 누이는 나아마였더라"(창 4:18-22).

수천 년 전에 살았던 이 사람들의 이름과 삶을 우리가 어떻게 다 알 수 있겠습니까? 한국말을 쓰는 우리로서는 히브리어로 되어 있는 이들의 이름을 읽고 발음하는 것조차 어렵기만 합니다. 그러다 보니 성경을 계속 읽어 나가고 싶은 마음이 사그라지고 결국 성경 읽기를 포기해 버리기도 합니다.

우리나라 조선 왕조의 역사를 보면 역대 왕들이 등장하는데 국사 시간에 그 왕들의 이름을 외운 적이 있습니다. "태정태세문단세"(태조-정종-태종-세종-문종-단종-세조). "태조 이성계" 하면 우리의 귀에 쏙쏙 들어오지 않습니까? "아브라함이 아들 이삭을 낳았다"는 것을 우리 식으로 "태종 이방원이 아들 충녕을 낳았다" 하면 어떤가요? 금방 머리에 들어오고 이해가 되지 않습니까?

레위기 같은 경우도 성경을 처음 읽는 분들에게는 너무나 힘이 듭니다. 레위기는 율법입니다. 그 율법을 해석한 것이 신명기서입니다. 그런데 레위기를 보면 5대 제사(번제, 소제, 화목제, 속죄제, 속

건제)와 7대 절기(유월절, 무교절, 초실절, 오순절, 나팔절, 속죄절, 초막절), 그리고 성막 제도와 제사장 규례 등이 나오는데 이해하기에 많은 어려움이 있습니다. 하지만 그것도 처음부터 다 이해가 되기 때문에 읽는 것이 아니라 읽다 보면 조금씩 이해가 되고 알게 됩니다.

미국의 16대 대통령은 에이브러햄 링컨인데 '링컨'이라는 이름을 처음 들었을 때는 얼마나 생소했는지 모릅니다. 그러나 자꾸 듣고 부르다 보니 링컨의 이름과 인물과 업적이 한눈에 들어오지 않습니까? 그러니 성경에 나오는 이름이나 지명, 명칭, 문화와 관습 등에 대해서도 너무 신경 쓰지 말고 자꾸 읽어 나가다 보면 친숙하게 다가오게 될 것이라 믿습니다.

그리고 성경에 관한 앱이 많이 개발되었는데 우리가 잘 모르는 단어를 입력하면 그 뜻을 알려 줍니다. 그런 것도 잘 활용한다면 큰 도움을 받을 수 있습니다. 저는 성경을 읽다 이해하기 힘든 단어를 만나면 성경 낱말사전을 찾아봅니다. 성경 낱말사전을 곁에 두고 모르는 단어가 나왔을 때 찾아보면 내용을 좀 더 쉽게 이해할 수 있기 때문입니다.

우리가 그동안 살던 곳을 떠나 다른 도시나 동네로 이사를 가면 모든 것이 낯설 수밖에 없습니다. 갑자기 하늘에서 뚝 떨어진 기분입니다. 주변 환경에 적응하기도 얼마나 어려운지 모릅니다.

처음에는 모든 것이 생소하고, 때로는 두렵기도 합니다. 그러나 하루 이틀 다니다 보면 어디에 가면 신호등이 있고, 카페는 어디에 있으며, 맛집은 어디쯤 있는지, 또 초등학교는 어디에 있고, 은행은 어디에 있는지 다 알게 되지 않습니까?

성경을 읽을 때 명칭이나 지명, 이름이 어렵게 느껴지고 어색하더라도 읽어 나가는 것을 포기하지만 않는다면 결국 성경이 점차적으로 눈에 들어오게 될 것이라 확신합니다. 그런 고비를 잘 넘겨서 성령님이 우리를 말씀의 은혜 속으로 이끌어 가시는 역사가 일어나기를 진심으로 소원합니다.

자신의 죄가 드러날까 봐

　성경을 펴서 읽다 보면 우리 마음 한편에는 마치 검사 앞에 선 죄인처럼 '내 죄가 적나라하게 드러나지는 않을까?'라는 두려움이 있습니다.

　예레미야 36장을 보면 유대 나라의 18대 왕이었던 여호야김에 대한 이야기가 나옵니다. 하나님은 예레미야에게 "유대 백성들이 자신들의 죄를 회개하고 나를 믿는 신앙으로 돌아서지 않는다면, 내가 그들을 버리겠고 그들을 바벨론에 포로로 잡혀가도록 하겠다"고 말씀하셨습니다. 예레미야는 이때 감옥에 갇혀 있었기 때문에 서기관이었던 바룩에게 이 내용을 두루마리에 기록하게 한 뒤 대중 앞에서 읽게 했습니다.

그러자 그런 암울한 시대에서도 하나님을 찾았던 신실한 몇몇 방백이 "이럴 것이 아니라 다른 유대 지도자들도 이 말씀을 듣게 하자"고 했습니다. 그들이 듣고서는 "이 말씀을 여호야김 왕도 듣게 하면 좋겠다"고 해서 결국 왕 앞에서 두루마리에 기록한 말씀을 낭독하게 되었습니다.

하지만 두루마리에 기록된 말씀이 낭독될 때마다 여호야김 왕은 읽은 부분을 칼로 찢어 불에 던져 태워 버렸습니다. 또 다른 부분을 읽으면 그것도 역시 칼로 찢어 불에 던져 버렸습니다.

왜 그랬을까요? 하나님의 말씀이 자신의 죄를 드러내는 것 같아 듣기 싫었기 때문입니다. 여호야김 왕이 그 말씀을 들었을 때 '큰일 났구나! 이대로 가다가는 우리나라가 멸망을 당하겠구나! 나부터 먼저 회개해야겠다!' 했더라면 유대 나라가 살 수 있었습니다. 그러나 하나님의 말씀을 무시하고 외면했기에 하나님은 그 나라도 왕도 버리셨습니다.

> "그러므로 여호와께서 유다의 왕 여호야김에 대하여 이와 같이 말씀하시니라 그에게 다윗의 왕위에 앉을 자가 없게 될 것이요 그의 시체는 버림을 당하여 낮에는 더위, 밤에는 추위를 당하리라"(렘 36:30).

열왕기하 22장에는 이와 전혀 다른 요시야 왕에 관한 말씀이 나옵니다. 그는 8세에 왕이 되었고 성경은 그에 대해 "여호와 보시기에 정직히 행하여 그의 조상 다윗의 모든 길로 행하고 좌우로 치우치지 아니하였더라"(2절)라고 말합니다.

요시야 왕은 아버지 아몬이 섬겼던 신들을 배척했고, 오직 하나님만 의지하면서 신앙으로 살려고 노력했습니다. 그러던 중 성전을 수리하라는 명령을 내렸는데, 어느 날 성전을 수리하던 중에 율법책을 발견하게 되었습니다. 이 율법책을 전달받은 요시야 왕은 그 말씀을 듣자 통곡할 수밖에 없었습니다.

"왕이 율법책의 말을 듣자 곧 그의 옷을 찢으니라"(왕하 22:11).

하나님의 말씀인 율법책을 발견했다면 기뻐해야 할 텐데 왜 옷을 찢고 통곡했을까요? 그 내용이 기쁜 소식이 아니었기 때문입니다. 무섭고 두려운 심판과 저주의 말씀으로 가득했기 때문입니다. 그래서 요시야 왕은 여선지자 훌다에게 사람을 보내 이 말씀의 뜻을 하나님께 물어보라고 했습니다. 하나님은 그런 요시야 왕의 모습을 보고 뭐라고 말씀하셨을까요?

"내가 이곳과 그 주민에게 대하여 빈 터가 되고 저주가 되리라 한 말을 네가 듣고 마음이 부드러워져서 여호와 앞 곧 내 앞에서 겸비하여 옷을 찢고 통곡하였으므로 나도 네 말을 들었노라 여호와가 말하였느니라 그러므로 보라 내가 너로 너의 조상들에게 돌아가서 평안히 묘실로 들어가게 하리니 내가 이곳에 내리는 모든 재앙을 네 눈이 보지 못하리라"(왕하 22:19-20).

성경을 읽다 보면 때로는 우리 마음이 아플 때도 있고, 고통스러울 때도 있습니다. 하지만 그 말씀이 우리의 고집을 깨트리고 자아를 무너뜨리면서 형식적인 종교 생활에서 벗어나게 합니다. 우리 속에 있는 죄까지 지적하고 들추어내기도 하지만, 회개하고 하나님께 돌아서면 언제나 용서해 주시고 회복시켜 주실 뿐 아니라 은혜를 베풀어 주시고 다시 세워 주십니다. 하나님은 결코 우리가 망하는 것을 바라시지 않기 때문입니다.

"여호와의 말씀이니라 너희를 향한 나의 생각을 내가 아나니 평안이요 재앙이 아니니라 너희에게 미래와 희망을 주는 것이니라" (렘 29:11).

그러니 성경을 읽을 때 마음속에서 일어나는 죄책감이나 두려움 등도 다 내려놓으시기 바랍니다. 하나님은 사랑스러운 손길로 우리를 인도해 가신다는 것을 믿으시기 바랍니다. 그러면 성경은 결코 두려운 책이 아님을 알게 될 것이라 믿습니다.

"이르되 갖다 먹어 버리라 네 배에는 쓰나 네 입에는 꿀같이 달리라"(계 10:9).

하나님을 향한 갈망이 부족해서

어느 책에서 읽었던 내용입니다. 우리나라 사람으로 미국에 건너가 살다 미국 시민권을 얻은 분이 북한에 여행차 들어가게 되었습니다. 그분은 분명히 북한에도 숨은 하나님의 사람이 있을 것이라 생각했고, 그런 기회를 이용해 성경을 전달해 주려는 마음을 먹었습니다. 그러나 막상 북한에 도착해 보니 감시원들이 촘촘히 감시를 하는 통에 며칠이 지나도 도무지 자유롭게 움직일 수가 없더랍니다. 그럼에도 그분은 성경을 포장해서 늘 옆구리에 끼고 다녔습니다.

그런데 어느 날 저녁 시간에 감시원들의 감시가 조금 느슨해진 틈에 어디선가 나이 드신 한 남자분이 그분 앞으로 불쑥 다가오더니만 이렇게 말을 걸더랍니다.

"선생님! 그동안 며칠간 선생님을 지켜보아 왔습니다. 혹시 그 옆에 끼고 계시는 것이 성경책 아닙니까?"

"예! 그렇습니다만."

"혹시 제게 그것을 주실 수 없나요?"

"이것을 드리는 것은 상관이 없는데 이 책을 가지고 계시다 발각되면 위태로우실 텐데요?"

"괜찮습니다. 제 나이가 육십이 넘었습니다. 이제 세상 떠날 때가 다 되어 가는데, 그 전에 성경을 한번 실컷 읽고 싶습니다. 그러다 붙들려 죽임을 당한다 하더라도 제 마음은 준비가 되어 있습니다."

그래서 성경책을 드렸더니 가슴에 소중히 품고 기쁜 얼굴로 가더랍니다.

그 이야기를 읽으면서 가슴이 먹먹했습니다. 그러면서 '이렇게 얼마든지 자유롭게 성경을 읽을 수 있는 여건인데도 나는 과연 어떠한가?' '그런 사모함과 갈망을 가지고 성경을 읽었던 적이 나에게 있었던가?' 하는 생각에 부끄러움을 감출 수가 없었습니다.

우리는 지금 모든 것이 너무나 풍족한 시대에 살고 있습니다. 물자가 넘쳐나고 있습니다. 그렇기에 도리어 풍요 속의 빈곤에 허덕이는 것은 아닌가 하는 생각이 듭니다. 집마다 성경책이 몇 권씩 있어 손만 뻗으면 얼마든지 읽을 수 있는데도 손을 뻗는 것조차 무척이나 힘들기만 합니다.

이는 우리가 급한 일의 횡포에 밀려 정작 중요한 일을 놓쳐 버리고 있기 때문입니다. 그분처럼 사모하며 읽고자 하는 마음이 있다면 어떤 급한 일이 있어도 이 중요한 일에 시간을 낼 수 있지 않겠습니까?

> "갓난아기들같이 순전하고 신령한 젖을 사모하라 이는 그로 말미암아 너희로 구원에 이르도록 자라게 하려 함이라"(벧전 2:2).

갓난아기들을 보면 모유나 우유를 먹을 때 온 열정을 쏟습니다. 심지어 땀까지 뻘뻘 흘릴 때가 있습니다. '젖 먹던 힘'이란 갓난아기가 엄마의 젖을 빠는 힘을 말합니다. 갓난아기가 젖을 먹지 않으면 자랄 수 없듯이, 새 생명으로 태어난 우리는 하나님의 말씀을 먹어야 영적으로 성장하게 됩니다. 성경이 우리의 밥이요 젖입니다. 갓난아기가 배고픔을 해결하기 위해 엄마의 젖을 갈구하듯이 하나님을 그렇게 갈망해 보시기 바랍니다.

> "배부른 자는 꿀이라도 싫어하고 주린 자에게는 쓴 것이라도 다니라"(잠 27:7).

자신이 겪고 있는 여러 가지 상황에서 하나님의 위로와 응답과 인도하심을 구하는 간절한 마음을 가지고 성경을 펴보십시오. 시시각각 여러 가지 어려움이 우리를 향해 둘러 진을 치고 우리를 공격하며 위협합니다. 우리를 낙심시키고 절망케 하며 모든 희망을 빼앗아 가려 하는 일이 너무나 많이 있습니다. 그러나 하나님을 만나야 우리가 살 수 있으며 성경에 답이 있다는 것을 믿고 갈급한 마음으로 성경을 읽는다면, 분명히 하나님이 크신 은혜를 내려 주실 것입니다.

성경을 충분히 알지 못하는 상태에서 성경을 읽어 나간다는 것은 힘든 일임에 틀림이 없습니다. 그럼에도 성경에서 해답을 찾기 위한 몸부림이 있다면, 성경은 결코 읽기 어려운 책이 아님을 알게 될 날이 오리라 생각합니다.

> "나를 사랑하는 자들이 나의 사랑을 입으며 나를 간절히 찾는 자가 나를 만날 것이니라"(잠 8:17).

읽어야 하는 양에 대한
부담감 때문에

혹시 '일삼주오'(日三主五)라는 말을 들어보셨습니까? 성경을 평일에는 세 장, 주일에는 다섯 장씩 창세기부터 시작해 차례대로 쭉 읽어 나가면 1년에 성경을 1독 할 수 있다는 말입니다. 많은 목사님이 강대상에서 이 '일삼주오'를 수없이 외치지만 성도들 가운데 1년에 성경 1독을 하시는 분은 많지 않습니다. 그것이 결코 쉬운 일이 아니기 때문입니다.

성경에는 하루에 성경을 몇 장 읽으라는 말씀이 나오지 않습니다. 성경을 몇 독 해야 한다는 말씀도 없습니다. 그럼에도 어떤 분은 성경을 읽지 않으면 아침 식사를 하지 않겠다는 마음가짐으로 살아갑니다. 그런 분들 앞에 서면 내가 왜 그렇게 작아 보이는지…. 한편으로 그렇게 살다가는 1년 365일 동안 아침밥을 굶어야 하는 날이 아마도 상당히 많지 않을까 생각해 봅니다.

"이 예언의 말씀을 읽는 자와 듣는 자와 그 가운데에 기록한 것을 지키는 자는 복이 있나니"(계 1:3).

어떤 자가 복이 있다고 했습니까? 성경을 읽는 자가 복이 있다고 했습니다. 물론 다독은 너무나 좋은 일입니다. 하나님은 우리가 성경에 대해 알고 있는 범위 내에서 깨닫게 하시기 때문에, 다독을 통해 성경에 대해 잘 알고 있는 것은 너무나 중요합니다. 성경에 대해 잘 모르는데 하나님이 깨닫게 하시는 경우는 드물기 때문입니다.

그러나 그럼에도 성경을 몇 독 했다는 것이 과연 중요할까요? 혹시라도 "나는 성경을 이렇게 많이 읽었소!" 하고 드러내고 싶은 마음이 그 안에 숨어 있는 것은 아닐까요? 그것은 자신의 개인적인 신앙의 측면에서만 간직해야 하는 것이지, 그것을 다른 분들에게 일반화시키는 것은 바람직하지 않을 것입니다.

오히려 다독한 만큼 내가 얼마나 변화되었는지를 물어야 합니다. 예수님을 믿는 향기가 나를 통해 얼마나 퍼져 나가고 있는지를 살펴보아야 합니다. 성경을 총천연색 형광펜으로 표시하며 읽는 것도 귀한 것이지만, 내 삶과 인격을 통해 그것이 빛으로 나타나는 것이 더 중요하지 않겠습니까?

매일 한 구절이든 한 장이든 성경을 읽는다면 그것만으로도 칭찬받아 마땅합니다. 한 절이든, 몇 장이든 그런 양적인 것에 관심을 두지 말고, 읽은 말씀에 내가 사로잡히는 것이 더 중요하다는 것을 기억하면 좋겠습니다. 그러면 성경 읽는 것에 대한 부담감을 떨쳐 버릴 수 있을 것이고, 또 그렇게 읽어 나가다 보면 점차적으로 읽는 양도 늘어나게 될 것이라 확신합니다.

3.

성경은 어떤 책인가?

어느 책이든 책을 쓸 때는 그 책이 지향하고자 하는 방향과 목적이 있습니다. 성경도 마찬가지입니다. 성경은 구약이 39권, 신약이 27권으로 전체 66권입니다('3×9=27' 그리고 '39+27=66'으로 외우면 쉽습니다). 총 1,189장(구약 929장, 신약 260장)에 31,173절(구약 23,214절, 신약 7,959절)로 되어 있는 방대한 양이지만 그럼에도 핵심적인 주제가 있습니다.

구약은 예언, 신약은 성취

우리가 일반적으로 알고 있듯이 구약성경은 예언이고, 신약성경은 그 예언의 성취입니다. 구약성경은 오실 예수님에 관한 말씀이고, 신약성경은 오신 예수님 그리고 다시 오실 예수님에 관한 내용입니다.

창세기 1장 1절을 보면 "태초에 하나님이 천지를 창조하시니라"라고 말씀합니다. 천지 창조에는 온 우주 만물만이 아니라 사람도 포함되어 있습니다. 하나님은 사람을 창조하실 때 땅의 재료인 흙을 가지고 육신을 만드셨고, 그 육신에 영을 불어넣으심으로 그 영을 통해 하나님과 교제할 수 있도록 하셨습니다. 그리고 하나님은 사람에게 모든 만물을 다스릴 수 있는 권한도 주셨습니다.

"하나님이 그들에게 복을 주시며 하나님이 그들에게 이르시되 생육하고 번성하여 땅에 충만하라, 땅을 정복하라, 바다의 물고기와 하늘의 새와 땅에 움직이는 모든 생물을 다스리라 하시니라"(창 1:28).

이 모든 것을 사람에게 주셨지만 하나님은 단 하나를 금하셨습니다. "선악을 알게 하는 나무의 열매는 먹지 말라 네가 먹는 날에는 반드시 죽으리라"(창 2:17). 사람을 골탕 먹이려고 하나님이 이렇게 하신 것이 아닙니다. 하나님은 사람을 인격체로 만드셨는데, 우리에게 자유의지를 주셨다는 것이 그 증거입니다. 사람은 이 자유의지를 통해 하나님의 명령을 따를 수도 있고, 따르지 않을 수도 있습니다. 하지만 자유의지에 따른 결과는 온전히 사람의 책임입니다.

그런데 어느 날 최초의 사람인 아담과 하와는 자신의 의지를 사용해 하나님이 금하신 열매를 따 먹고 말았습니다. 이로 인해 인류에게는 비극이 찾아오게 되었습니다. 하나님의 말씀을 어긴 것을 '죄'라 칭하게 되었고, 그 죄로 인해 사람들은 죄인이 되어 버렸습니다.

죄인이 된 인간을 더는 에덴동산에 둘 수 없었기 때문에 하나님은 그들을 그곳에서 쫓아내셨습니다. 하지만 하나님은 타락한 인간을 그냥 내버려 두지 않으셨습니다. 죄가 해결되어야 하나님과의 관계가 회복되므로 인류의 고질적인 이 죄 문제를 위해 메시아를 보내시겠다고 약속해 주셨습니다.

하나님께서 "내가 메시아를 보내겠다"고 하시는 것이 구약성경이고, 그렇게 예언하신 대로 메시아이신 예수님이 오셨다고 하는 것이 신약성경입니다. 그래서 구약은 예언이고, 신약은 성취입니다.

하나님은 사랑이시라

종교 개혁가 마르틴 루터는 요한복음 3장 16절을 성경의 축소판이라고 불렀습니다.

"하나님이 세상을 이처럼 사랑하사 독생자를 주셨으니 이는 그를 믿는 자마다 멸망하지 않고 영생을 얻게 하려 하심이라."

이 구절을 복음 중의 복음이라고 부른 이유는 복음의 진수가 이 한 구절에 다 농축되어 있기 때문입니다. 하나님의 사랑, 독생자 예수님, 죄인 된 우리가 예수님으로 말미암아 영생을 얻게 되는 것, 그야말로 성경을 압축한 구절이라 하지 않을 수 없습니다.

"하나님이 죄를 알지도 못하신 이를 우리를 대신하여 죄로 삼으

신 것은 우리로 하여금 그 안에서 하나님의 의가 되게 하려 하심
이라"(고후 5:21).

이 말씀에 의하면 하나님이 예수님을 '죄'로 삼으셨다고 하는데, 여기서 '죄들'이 아니라 '죄'라고 하는 것에 주목해야 합니다. 이 '죄'는 아담과 하와가 타락함으로 들어오게 된 그 근본적인 죄, 우리가 이 땅에 태어남과 동시에 갖게 되는 죄들의 뿌리가 되는 죄를 말합니다.

예수님은 죄를 모르시는 분이십니다. 죄를 지을 수도 없는 분이십니다. 죄와 전혀 상관이 없는 분이십니다. 그러나 하나님은 죄인 된 나를 살리기 위해 예수님을 죄로 삼으시고, 나의 죗값을 위해 십자가에서 죽게 하셨습니다. 예수님이 십자가에 달리셨을 때 "나의 하나님!"이라고 애타게 부르짖어도 하나님은 고개를 돌리셨습니다.

"엘리 엘리 라마 사박다니 하시니 이는 곧 나의 하나님, 나의 하나님, 어찌하여 나를 버리셨나이까 하는 뜻이라"(마 27:46).

예수님이 아들로서 간구할 때 하나님은 언제나 응답하셨습니다. 물고기 두 마리와 떡 다섯 개를 가지고 하나님께 감사기도를 드리자 하나님은 오병이어의 기적을 베푸셨습니다. 죽은 나사로를

향해 "나사로야, 나오너라!"라고 하시자 하나님은 죽은 나사로를 살려 주셨습니다. 하지만 십자가라는 사람이 겪을 수 있는 고통의 최고 한계점에서는 너무나 고통스러워 하나님을 찾으며 부르짖어도 하나님은 응답하지 않으셨습니다. 아들 그리스도가 당하는 고통을 보고 계셨던 하나님의 마음이 얼마나 아프셨겠습니까?

누가복음 23장 44절은 이때에 대해 "때가 제육 시쯤 되어 해가 빛을 잃고 온 땅에 어둠이 임하여 제구 시까지 계속하며"라고 증언합니다. 하나님이 천지를 창조하신 이후로 해가 빛을 잃어버리는 일이 있었습니까? 하지만 아들 그리스도가 십자가에서 당하는 고통을 차마 볼 수 없어서, 그리고 그리스도를 십자가에 못 박는 우리 인간의 사악함을 볼 수 없어서 하나님은 해마저 빛을 잃도록 하셨습니다. 이는 죄인인 우리를 향한 하나님의 사랑 때문이었습니다. 하나님은 사랑이십니다(요일 4:16). 그것을 보여 주는 것이 성경입니다.

내게 대하여 증거하는 것이라

성경의 핵심은 예수님입니다. 예수님은 누가복음 24장 44절에서 이렇게 말씀하셨습니다.

> "또 이르시되 내가 너희와 함께 있을 때에 너희에게 말한바 곧 모세의 율법과 선지자의 글과 시편에 나를 가리켜 기록된 모든 것이 이루어져야 하리라 한 말이 이것이라."

모세의 율법과 선지자의 글과 시편은 구약성경 전체를 말합니다. 그런데 그 구약성경이 누구를 가리켜 기록한 것이라고 했습니까? 예수님을 가리켜 기록한 것이라고 했습니다. 그리고 그 모든 예언이 예수님을 통해 이루어지게 되었다고 했습니다.

예수님은 우리의 죄 문제를 해결하기 위해 십자가에서 죽으셨고, 죄의 결과로 찾아온 죽음의 문제를 해결하기 위해 부활하셨습니다. 그리고 우리와 영원토록 함께하시기 위해 성령님을 보내셨습니다. 나아가 예수님은 이 세상에 다시 오십니다. 그런 관점에서 성경을 이해하고 읽어 나간다면 중심을 잃어버리지 않을 수 있습니다.

> "오직 이것을 기록함은 너희로 예수께서 하나님의 아들 그리스도이심을 믿게 하려 함이요 또 너희로 믿고 그 이름을 힘입어 생명을 얻게 하려 함이니라"(요 20:31).

세속 역사 속에 흐르는 하나님의 구원 역사

누가복음 2장 1절은 "그때에 가이사 아구스도가 영을 내려 천하로 다 호적하라 하였으니"라고 기록하고 있습니다. 로마 황제 가이사 아구스도의 명령으로 로마제국에 속한 모든 시민이 호적을 하기 위해 각기 고향으로 돌아가는 대이동이 시작되었습니다. 로마의 지배를 받고 있던 유대 나라도 마찬가지였습니다. 이것이 세상 역사입니다. 아주 넓게 보면 세상 역사는 그렇게 흘러가고 있습니다.

우리 주변에서 문제는 계속 일어나고 있고, 사건과 문제는 날마다 터집니다. 갑자기 사람이 찾아오거나 사람을 만날 일이 생기고, 나라 간에 전쟁이 일어나고, 정권 교체가 일어납니다.

마리아가 아기를 낳아야 할 그 시점에 로마 황제의 호적령이 공포되었습니다. 단순히 보면 호적령과 예수님의 탄생은 아무런 관계가 없는 것처럼 보이지만 거기에는 하나님의 주권이 개입되어 있었습니다.

"베들레헴 에브라다야 너는 유다 족속 중에 작을지라도 이스라엘을 다스릴 자가 네게서 내게로 나올 것이라 그의 근본은 상고에, 영원에 있느니라"(미 5:2).

메시아가 다윗의 후손으로 다윗의 고향인 베들레헴에서 나신다는 예언입니다. 하지만 호적령 같은 중대한 사건이 없었다면 요셉과 마리아는 아마 나사렛에서 아이를 낳았을 것이고, 그러면 구약의 예언은 결코 이루어지지 못했을 것입니다.

그러나 이 호적령이 공포된 해에 만삭인 마리아가 베들레헴에 도착했습니다. 사람이 너무 많아 여관방을 얻을 수 없어 마구간에서 그 피곤한 몸을 쉬게 하고 있을 때 아기 예수님이 탄생했습니다. 이 모두가 하나님의 이끄심이었고 섭리였습니다. 역사의 주관자는 하나님이십니다. 왕들을 세우고 폐하는 이 모든 것이 하나님의 손안에 있습니다.

"그는 때와 계절을 바꾸시며 왕들을 폐하시고 왕들을 세우시며 지혜자에게 지혜를 주시고 총명한 자에게 지식을 주시는도다"
(단 2:21).

그런 세속 역사의 흐름 속에서 하나님은 구원 역사를 이루어 오셨습니다. 우리를 향한 구원의 역사가 이미 있었고, 하나님은 세속 역사 속에서 우리로 하여금 예수님을 믿게 하셨습니다. 지금도 세속 역사는 마지막 종말을 향해 흘러가고 있습니다. 그러므로 우리는 세속 역사와 하나님의 구원 역사, 이 두 가지를 다 볼 수 있는 눈을 가지고 성경을 읽어야 하고, 오늘날의 역사 또한 읽어야 합니다.

성령의 감동으로 된 것으로

　학자들마다 견해의 차이가 있지만, 성경은 40여 명의 저자가 약 1,600년간 기록했다고 보는 것이 일반적입니다. 성경의 각 권을 기록한 저자가 다르고, 그들이 살던 시대적 배경이 달랐습니다. 그런 다양성이 분명히 성경 안에는 존재합니다. 약 40명의 저자들은 서로 사는 시대가 달랐기에, 함께 만나서 "이렇게 쓰자" 하고 회의를 할 수도 없었습니다. 그럼에도 한 주제에 대해 쓸 수 있었던 것은 성경의 원저자가 성령님이시기 때문입니다.

　성령님은 성경을 기록한 저자들의 성격과 기질, 재능과 은사, 교육과 문화, 어휘와 문체 등을 조화롭게 인도하셔서 성경을 기록하게 하셨습니다. 성경을 쓰는 일에서 저자들의 죄의 영향을 억누르셨고, 그들이 언어를 선택하고 생각을 표현하는 것 또한 간섭

하셨습니다. 성령님은 적극적인 활동을 통해 인간적인 오류가 개입되지 않도록 문장과 단어의 선택에도 감동을 주셨는데, 이것을 '성경의 영감설'이라고 합니다.

> "예언은 언제든지 사람의 뜻으로 낸 것이 아니요 오직 성령의 감동하심을 받은 사람들이 하나님께 받아 말한 것임이라"(벧후 1:21).

성경을 쓴 저자의 인격을 있는 그대로 사용하셨기 때문에 저자의 배경, 지식, 성격에 따라 그 문체나 쓰는 방식 등이 다양하게 나타나기도 합니다. 그럼에도 성령님이 감동하셨기에 성경의 각 권이 시대적인 간격이 있음에도 하나님의 구원 역사에 대한 통일성을 가지고 있습니다.

4.

성경을 읽기 전에

이제 성경을 읽기 전에 몇 가지 기억해야 할 것에 대해 말씀드리고자 합니다. 이는 아주 사소한 것으로 보일 수도 있지만 성경을 읽는 일에서 매우 중요한 부분입니다. 이것이 제대로 정립되어야 성경을 제대로 읽어 갈 수 있기 때문입니다.

내 영에 성령님이 계심을
믿어야 한다

첫째로 내 영에 성령님이 계심을 확실하게 믿어야 하고, 그 사실을 정확하게 알고 있어야 합니다. 성경이 성령의 감동하심으로 기록되었으니 그 성경을 읽는 나 또한 성령의 감동하심이 있어야 하는 것 아니겠습니까?

요한복음 15장 26절은 "내가 아버지께로부터 너희에게 보낼 보혜사 곧 아버지께로부터 나오시는 진리의 성령이 오실 때에 그가 나를 증언하실 것이요"라고 말씀합니다. 성령님이 누구를 증언하신다고 했습니까? 예수님을 증언하신다고 했습니다. 그렇다면 우리가 성경을 읽으면서 예수님을 제대로 알고, 하나님의 사랑을 제대로 알기 위해서는 성령의 감동하심이 있어야 합니다.

저는 이전에 이것을 잘 이해하지 못하고 신앙생활을 했습니다. 내 영에 성령님이 계신다는 사실을 들어 보지도 못했고, 알지도 못했습니다. 신학교에서도 배우지 않았습니다. 그러면서도 어릴 때부터 교회에 다녔기 때문에 하나님이 나를 사랑하실 것이라는 막연한 생각만 가지고 있었습니다.

그런 상태로 신학을 공부하고, 부교역자 시절을 보내고, 담임목사로 목회사역도 했습니다. 하지만 하나님의 임재를 느끼는 삶은 너무나 미약했습니다. 성령님의 도우심이 없으면 목회도 제대로 되지 않는다는 것을 알았기에 성령님을 만나고 싶었지만 어떻게 해야 만날 수 있는지는 몰랐습니다. 뜨겁게 부르짖어 기도만 하면 되는 줄 알았습니다. 그러면서 '하나님은 성경책 속에만 살아 계시는 분이 아니신데, 나는 왜 하나님을 만나지 못하는 것일까?' 하고 힘들어했습니다.

성도들 사이에서 일어나는 갈등과 아픔과 너무나 인간적인 모습들을 보면서 '이것이 과연 기독교인가? 이것이 신앙인가?' 하는 회의에 빠지기도 했습니다. 하나님을 만난 사람이라면 예수 향기가 나야 하는데, 예수 향기는 고사하고 썩은 오물 냄새가 교회 안에 진동합니다. 이것이 과연 하나님을 믿는 자의 모습이 맞는 것일까요?

그래서 하나님을 제대로 만나야겠다는 열망으로 새벽을 깨우며 기도했습니다. 찬송을 부르고 기도를 하면 처음 30분은 눈물범벅이 되었습니다. 하나님을 너무나 갈망했기 때문입니다. 영적인 세계를 뚫어 보려고 얼마나 발버둥을 쳤는지 모릅니다. 수많은 영적인 책을 독파했고, 성령님에 대한 책이라면, 영성에 관한 책이라면 무조건 사서 읽었습니다. 영적인 깊이가 느껴지는 사람이 있으면 찾아가 무릎을 꿇고 기도해 달라고 부탁하고, 어떻게 하면 그 세계에 들어갈 수 있는지 물었습니다. 시간을 투자해 기도하고 또 기도했습니다. 그럴수록 갈급함은 더 심해졌습니다.

하나님이 저의 그런 마음을 보시고 어느 날 문득 깨닫게 해주셨습니다. 그것은 바로 내 영에 성령님이 계시다는 것이었습니다. 새벽기도회를 시작하기 전, 예배당에서 혼자 기도하고 있던 어느 날이었습니다. 성령님이 제 속에서 이렇게 말씀하셨습니다.

"왜 나를 그렇게 먼 데서 찾았느냐? 나는 네 안에 있었는데! 아직 이른 시간인데 예배당에 불을 켜지 않아 지금 무척 어둡다. 하지만 당장 형광등 스위치만 올리면 금방 빛이 들어와 어둠은 물러가고 이 예배당 전체는 환하게 밝아진다. 너희는 죄 때문에 영이 죽은 자가 되었다. 영이 죽었다는 것은 하나님과 교통할 수 없다는 뜻이다. 하지만 내가 너희를 위해 성령을 보냈다. 죽은 것 같은 너희 영에 성령이 임하심으로 생명의 빛을 비추게 하였다. 성령이 너희의 영에 임하는 것은 마치 어두운 예배당의 스위치를 올리는 것과 같다. 그래서 너는 성령이 내주하시는 자가 되었다. 예배당은 네 몸이고, 스위치를 올리면 불이 들어오는 곳은 네 안이라 생각해 봐라."

그 순간 섬광처럼 깨달음이 왔습니다. 기도를 중단하고, 기도하던 자리 앞에 있는 형광등을 켰습니다. 제가 기도하던 자리가 환해졌습니다. 그리고 성경을 펴 요한복음을 읽기 시작했습니다.

"그 안에 생명이 있었으니 이 생명은 사람들의 빛이라"(요 1:4).

이 말씀에 시선이 고정되었습니다. '예수님은 나의 생명이시구나! 성령님이 내 안에 계시는구나!' 그러면서 이어지는 5절의 "빛이 어둠에 비치되 어둠이 깨닫지 못하더라"라는 말씀에 또 눈길이 멎었습니다. '그동안 내가 이것을 깨닫지 못하고 있었구나! 내가 예수님을 믿을 때 성령님은 이미 내게 오셨는데 이것을 깨닫지 못하고 능력을 달라고 구하고 있었구나! 이것을 몰랐기 때문에 예수님의 이름을 불러도 힘이 없었던 것이구나! 내 힘으로 사역을 하려 했고, 내 힘으로 무엇인가 해보려고 했었구나!' 그러자 회개의 기도가 터져 나오기 시작했습니다. "이미 성령님은 내 영에 계셨는데 이것을 몰랐던 죄를 용서해 주시옵소서!"라고 말입니다.

그러자 성령님에 관한 말씀이 비로소 이해되기 시작했습니다. 예수님이 십자가를 지시기 얼마 전 이제 곧 떠나갈 것이라 말씀하시자 제자들이 근심했습니다. 이때 예수님이 뭐라고 말씀하셨습니까?

> "내가 떠나가는 것이 너희에게 유익이라 내가 떠나가지 아니하면 보혜사가 너희에게로 오시지 아니할 것이요 가면 내가 그를 너희에게로 보내리니"(요 16:7).

예수님이 떠나가시는 것이 제자들에게 더 유익하다고 하셨습니다. 그래야 성령님이 오실 수 있기 때문입니다. 예수님은 하나님의 아들이셨지만 육신을 가지셨기에 장소의 제한을 받으셔야 했습니다. 또 육신을 가진 예수님은 우리 속에 들어오실 수 없었습니다. 그러나 영이신 성령님은 우리 영에 얼마든지 들어오실 수 있고, 장소의 제한도 받지 않으십니다.

> "그는 진리의 영이라 세상은 능히 그를 받지 못하나니 이는 그를 보지도 못하고 알지도 못함이라 그러나 너희는 그를 아나니 그는 너희와 함께 거하심이요 또 너희 속에 계시겠음이라"(요 14:17).

예수님은 분명히 성령님이 내 영에 계신다고 했습니다. 그 성령님이 내 영에 들어오셔서 가장 먼저 하신 것이 나로 하여금 거듭나게 하신 것이었습니다. 이것이 먼저 되어야 기도도, 성경 읽기도, 신앙생활, 영적 성숙도 제대로 이루어지기 때문입니다.

예수님을 나의 구주로 고백하던 그 순간이 바로 거듭나는 순간이었습니다. 죽었던 내 영에 예수님의 생명이 주어지게 되었습니다. 그래서 고린도전서 12장 3절은 이렇게 말씀합니다.

"그러므로 내가 너희에게 알리노니 하나님의 영으로 말하는 자는 누구든지 예수를 저주할 자라 하지 아니하고 또 성령으로 아니하고는 누구든지 예수를 주시라 할 수 없느니라."

내가 하나님을 '아버지'라 부른다면 이미 내 영에 성령님이 계심이 분명합니다. 내가 하나님을 '아버지'라 부를 수 있도록 성령님이 도와주셨기 때문입니다. 나는 거기에 믿음으로 반응했을 뿐입니다. 그것이 이해되자 제가 거듭났다는 것이 믿어졌습니다. 그리고 자신 있게 "나는 거듭났습니다. 내 영에는 성령님이 계십니다"라고 말할 수 있게 되었습니다.

성자 어거스틴도 젊은 시절 진리에 얼마나 목말라했는지 모릅니다. 진리를 찾아다녔지만 그 어디서도 발견하지 못했습니다. 그러다 성경을 통해 자신의 영에 성령님이 계시다는 것을 알게 되었고, 이로써 신앙의 눈이 열리게 되었습니다. 어거스틴은 이렇게 고백했습니다.

> 주여! 저는 길 잃은 양처럼 방황하고 있었습니다.
> 주님을 제 이성으로 찾으려 했습니다.
> 이제 저는 주님을 찾고 갈망하기에 지쳐 버렸습니다.
> 그러나 주님은 제 안에 그렇게 거하고 계셨습니다.
>
> 주님을 갈망해 헐떡거리며 찾아다녔습니다.
> 이 세상 도시의 거리와 광장 사방을
> 헤매며 다녀 보았지만
> 주님을 찾을 수가 없었습니다.
> 주님은 제 안에 이미 거하고 계셨기 때문입니다.

　우리의 마음을 솔직하게 표현해 주고 있는 고백 아닙니까? 성령님은 내 영에 계십니다. 내가 예수님을 구주로 고백할 수 있도록 내 영에 들어오셨습니다. 이것을 바르게 깨닫고 알아야 비로소 신앙의 눈이 열리고 기도가 달라집니다. 신앙의 자세가 달라지고, 성경을 읽을 때도 성령님의 음성이 무엇인지 알 수 있게 됩니다. 성령님의 감동으로 쓰인 성경을 내 영에 계신 성령님이 또한 감동을 주셔서 제대로 읽게 해주십니다. 이것이 성경을 읽기 전에 알고 있어야 할 제일 중요한 것 중 하나입니다.

가르치시고 생각나게 하시리라

두 번째로 기억해야 할 것은 성령님은 우리가 성경을 읽을 때 깨닫게 해주시고, 가르쳐 주시고, 생각나게 해주시고, 책망이나 위로도 해주신다는 점입니다.

> "보혜사 곧 아버지께서 내 이름으로 보내실 성령 그가 너희에게 모든 것을 가르치고 내가 너희에게 말한 모든 것을 생각나게 하리라"(요 14:26).

우리가 성경을 읽을 때 창세기부터 요한계시록까지 평이하게 읽어 내려가면 그 말씀은 우리에게 평이한 하나님의 계시를 가르쳐 줍니다. 죄에 대해, 용서와 구원에 대해, 그리고 영원한 천국에 대해 말씀해 주십니다. 그러나 거기서 멈추지 않고 그 말씀에 내가 부딪혀야 합니다. 성경이 내 삶과 내가 겪고 있는 여러 가지 문제에 대해 무엇이라 말씀하고 있는지를 배워야 합니다.

성경 말씀이 특별히 나에게 주시는 음성으로 다가올 때는 어제도 읽었고, 그 전에도 읽었던 똑같은 말씀임에도 그 말씀이 내 마음에서 끓기 시작합니다. 마음에 불이 떨어진 것처럼 감격이 솟아오릅니다. 그 말씀이 믿어지면서 내게 주신 하나님의 음성이라는 흔들림이 없는 확신을 갖게 됩니다. 더불어 주체할 수 없는 눈물이 흐르기 시작합니다. 울어도 눈물이 마르지 않습니다. 성경의 글자 하나하나가 살아 움직이며 내게 다가옵니다.

> "내가 누워 자고 깨었으니 여호와께서 나를 붙드심이로다 천만 인이 나를 에워싸 진 친다 하여도 나는 두려워하지 아니하리이다"(시 3:5-6).

환경은 그대로 있습니다. 어려움도 그대로 있습니다. 현실은 바뀌지 않았습니다. 하지만 성령님이 성경 말씀을 통해 위로를 주시면 하나님을 의지하는 믿음에 굳게 서게 되어, 천만 인이 나를 잡기 위해 진을 친다 하더라도 평안합니다. 하나님이 나를 붙잡고 계시는 한 나를 넘어뜨릴 자는 없습니다.

인생에서 힘들고 어려운 일을 만났을 때, 성경을 읽고 묵상하십시오. 환경만 묵상하면 환경에 눌리게 됩니다. 환경이 아닌 성경을 묵상하면 성령님이 그 말씀을 통해 치료의 광선이 되고 등불이 되어 환경을 이길 수 있는 힘을 주십니다.

저도 목회를 하면서 너무나 힘들고 어려웠던 때가 있었습니다. 사람들로 인한 스트레스를 견뎌 내기가 무척 힘들었습니다. 너무나 고통스러워 새벽에 기도하는 가운데 성령님이 사도행전 18장 10절 말씀이 생각나게 하셨고 곧 그 말씀이 저를 사로잡았습니다.

"내가 너와 함께 있으매 어떤 사람도 너를 대적하여 해롭게 할 자가 없을 것이니 이는 이 성중에 내 백성이 많음이라 하시더라."

그 순간 눈물이 터져 나왔습니다. '성령님이 나와 함께하시는구나. 나는 버림받은 자가 아니구나. 이 성도들 중에도 하나님을 진정으로 의지하는 사람이 많이 있구나.' 성령님이 깨닫게 해주신 이 말씀에 사로잡히자 눈물이 멈추지 않았습니다.

성경 말씀에 사로잡히면 나를 꺾을 수 있는 존재는 아무도 없습니다. 풍랑 위로 걸어가시는 주님이 나의 주님이시고, 오병이어로 5천 명을 먹이신 예수님이 오늘도 나를 먹여 주시는 분이심이 믿어집니다. 이 믿음을 가지고 세상을 살아가니 두려울 것이 없고, 통장의 돈이 바닥나고 먹을 것이 떨어져도 그것을 채우시는 하나님의 손길이 믿어지기에 담대하게 살아가게 됩니다. 고통 중에서도 웃을 수 있게 됩니다. 힘이 들어도 일어설 수 있게 됩니다. 낙망이 되어도 다시 용기를 가질 수 있게 됩니다. 포기할까 하다가도 다시 기도의 자리로 나아갈 수 있게 됩니다.

성경을 읽고 묵상하면 성령님은 상대방이 잘못했더라도 내가 먼저 용서를 빌라고 하십니다. 말하지 말고 침묵하라고 하십니다. 억울해도 그냥 바보같이 다 당하라고 하십니다. 예배 시간에 지각하는 것을 고치라고 하십니다. 예배 시간에 핸드폰을 만지작거리며 집중하지 못한 것을 회개하라고 하십니다. 맡은 일을 제대로 잘 하지 않은 것을 회개하라고 하십니다. 성령님은 그렇게 역사하십니다.

방해될 수 있는 요소를 제거하자

세 번째로 성경을 읽기 전에 방해될 수 있는 요소를 제거해야 한다는 점을 기억해야 합니다.

출애굽기 34장에서 하나님은 모세에게 돌판 두 개를 다시 다듬고 만들어서 시내산으로 가지고 올라오라고 하셨습니다. 돌판을 다시 만들게 된 데는 이유가 있었습니다. 모세가 처음 시내산에 올라가 하나님이 직접 쓰신 십계명을 받아 산을 내려갔습니다. 그런데 이스라엘 진 가까이에 이르자 이상한 소리가 들렸습니다. 백성들이 송아지 우상을 만들어 놓고는 그것이 자신들을 애굽에서 인도해 낸 신이라며 외치고 있었던 것입니다. 그리고 그 송아지 우상 주변에서 먹고 마시며 뛰놀고 춤을 추었습니다. 산에서 내려오다 그것을 본 모세가 크게 노합니다.

"진에 가까이 이르러 그 송아지와 그 춤추는 것들을 보고 크게 노하여 손에서 그 판들을 산 아래로 던져 깨뜨리니라"(출 32:19).

모세가 이같이 크게 화를 내며 하나님이 새겨 주신 돌판을 깨뜨린 것은 단순히 개인의 혈기와 감정을 표출한 것이 아닙니다. 오히려 하나님의 진노를 대신 표현한 것이라 할 수 있습니다. 그 사건 이후에 하나님은 모세에게 이렇게 말씀하십니다.

"너는 돌판 둘을 처음 것과 같이 다듬어 만들라 네가 깨뜨린 처음 판에 있던 말을 내가 그 판에 쓰리니"(출 34:1).

그러면서 하나님은 모세에게 당부를 하십니다. 그 내용이 출애굽기 34장 2-3절에 기록되어 있습니다.

"아침까지 준비하고 아침에 시내산에 올라와 산꼭대기에서 내게 보이되 아무도 너와 함께 오르지 말며 온 산에 아무도 나타나지 못하게 하고 양과 소도 산 앞에서 먹지 못하게 하라."

하나님은 아무도 그와 함께 산에 오르지 말며, 온 산에 인적을 금하고, 양과 소도 산 앞에서 먹지 못하게 하라고 하셨습니다. 고요함 가운데 어느 누구의 방해도 받지 않고 오직 모세와만 말씀을 나누고 싶으셨기 때문입니다. 이것은 모세가 그렇게 하고자 했던 것이 아니라 하나님이 모세에게 요구하신 것이었습니다. 그렇다면 하나님이 하나님과 나의 교제를 방해하는 요소를 제거하기를 얼마나 원하시는지 충분히 짐작할 수 있지 않습니까?

우리가 새벽이나 조용한 시간에 성경을 펴들고 하나님의 음성을 들으려고 마음먹으면 때마침 웬 전화가 그리 많이 오는지 모릅니다. 그리고 전화를 걸 일도 자주 생깁니다. 여러 생각이 떠올라 성경 읽는 것에 방해가 되기도 합니다. 그래서 예수님은 어떻게 하셨습니까?

> "새벽 아직도 밝기 전에 예수께서 일어나 나가 한적한 곳으로 가사 거기서 기도하시더니"(막 1:35).

예수님은 사람들의 방해를 받을 수 있는 장소를 떠나 한적한 곳으로 가셨습니다. 그리고 그곳에서 하나님과 교제하는 시간을 가지셨습니다. 물론 여기서 한적한 곳이란 사람마다 다 다릅니다. 그리고 그런 환경적인 여건을 마련하기가 어려운 분들도 있습니다. 그럼에도 최선을 다해 고요한 환경을 조성하는 것은 꼭 필요한 일이며, 우리가 해야 할 몫입니다.

우리가 성경을 읽으려 하면 사탄은 여러 가지 방해거리를 가지고 찾아옵니다. 그래서 성경을 읽을 때는 핸드폰을 무음으로 해놓든지 아니면 아예 다른 곳에 둔 채 조용한 곳을 찾는 것도 좋은 방법 가운데 하나입니다.

성경을 읽다가 갑자기 해야 할 일이나 전화해야 할 곳이 생각난다면 성경 읽기를 중단하지 말고, 옆에 미리 준비해 둔 메모지나 핸드폰 메모창에 적어 놓고 성경을 계속 읽는 것이 좋습니다. 그래야 말씀을 더 깊이 묵상하게 되고, 하나님과의 교제가 방해를 받지 않게 됩니다. 급한 일의 횡포로 성경 읽는 중요한 일이 방해받지 않도록, 미리 방해될 수 있는 요소를 정리하는 것이 꼭 필요합니다.

성경을 다 읽고 난 다음에 메모지에 적어 둔 것을 처리해도 그리 늦지 않을 것입니다. 대신 이로써 하나님과 교제하는 시간이 방해를 받지 않으니 그 교제가 더 깊어지지 않겠습니까?

차례대로 읽어 나가는 것이 좋다

네 번째로 기억해야 할 것은 창세기부터 요한계시록까지 순서대로 읽어 나가는 것이 좋습니다. 물론 성경을 읽을 때 어디서부터 시작할 것인지는 각자의 생각과 가치관과 경험에 따라 다르기 때문에 어느 것이 반드시 옳다고 말할 수는 없습니다.

어떤 분은 초신자들에게 요한복음부터 읽으라고 권면하는데, 사실 요한복음은 앞서 말씀드린 것처럼 성령님에 관한 것이 제대로 정립되어 있지 않으면 무슨 말씀인지 어렵게 느껴집니다. 그리고 개역개정보다는 영어성경이 더 쉽게 와 닿을 때가 있습니다. 물론 요한복음은 거듭남, 생명, 성령님에 관한 것이 제대로 정리만 되어 있다면 우리의 신앙에 큰 힘과 용기가 되는 말씀입니다. 그런 의미에서 요한복음부터 읽으라고 하는 것 같기도 합니다.

또 어떤 분은 마태복음부터 읽으라고 하는데 그러면 시작하는 1장이 걸림돌이 될 수도 있습니다. 왜 그럴까요?

"아브라함과 다윗의 자손 예수 그리스도의 계보라 아브라함이 이삭을 낳고 이삭은 야곱을 낳고 야곱은 유다와 그의 형제들을 낳고"(마 1:1-2).

이렇게 2절부터 15절까지 누가 누구를 낳았다는 말씀이 계속 이어집니다. 대단한 인내심이 요구되지 않을 수 없습니다. 그럴 때 바로 성경을 덮어 버리지 말고 16절로 건너뛰면 예수님의 탄생에 관한 말씀이 나오고, 이어서 광야에서 시험을 받으시는 내용이 나옵니다. 그리고 산상수훈에 관한 말씀이 나오기 때문에 읽을수록 은혜가 됩니다.

신약성경의 뿌리는 구약성경에 있습니다. 따라서 여기 읽다 저기 읽다 하는 것보다는 창세기부터 쭉 읽어 나가는 것이 좋을 듯합니다. 저도 그렇게 읽는 것이 유익하다는 것을 경험했기 때문에 지금도 그런 식으로 읽고 있습니다.

성경이 기록되었던 시대적인 배경에 따라 순서대로 배열을 해서 성경을 역사적인 흐름을 따라 쉽게 읽을 수 있도록 만든 연대기 성경도 있습니다.

그러나 그것도 일단 순서대로 읽고 난 다음에 어느 정도 성경에 대한 이해력이 높아졌을 때 읽어야 더 큰 도움을 받을 수 있을 것이라 생각합니다.

억지로 해석하려 하지 말라

다섯 번째로 기억해야 할 것은, 성경을 읽다가 어려운 부분을 만나게 되면 억지로 해석하려 하지 말고 그냥 넘어가야 한다는 점입니다. 성경을 읽어 나가다 보면 우리는 자신이 가진 지적인 수준과 가치관, 경험 등의 한계 내에서 그것을 이해하게 됩니다. 그래서 어떤 분에게는 쉽게 이해되는 내용이 또 어떤 분에게는 상당히 이해하기 어려운 것이 될 수 있습니다. 따라서 자신의 이해와 지식의 한계 범위를 넘어서까지 억지로 해석하려 하지 않는 것이 좋습니다.

> "그중에 알기 어려운 것이 더러 있으니 무식한 자들과 굳세지 못한 자들이 다른 성경과 같이 그것도 억지로 풀다가 스스로 멸망에 이르느니라"(벧후 3:16).

이단과 사이비가 나오는 이유가 억지로 성경을 해석하고, 그것을 스스로 합리화시키기 때문 아니겠습니까? 그래서 자신이 재림 예수가 되고, 자신이 성령님이 되어 스스로를 신격화합니다. 거짓된 종말론이나 임박한 종말론, 이단은 성경을 제대로 이해하지 못하고 억지로 해석하다 나타난 결과입니다.

그래서 교리와 주석, 성경해석학의 도움과 전통적인 교회의 해석이 필요합니다. 그것이 잘못된 해석을 막아 주는 역할을 하기 때문입니다. 저도 설교를 준비할 때 잘 이해되지 않는 부분이 나오면 곁길로 가지 않기 위해 여러 가지 책과 주석을 참고해 도움을 받기도 합니다. 그리고 내가 이해한 부분이 제대로 된 것인지 확인해 보기도 합니다.

성경을 읽다 해석하기 어려운 부분을 만나면 목사님에게 문의하는 것이 좋을 듯합니다. 대부분의 목사님은 신학적인 훈련을 받았기 때문에 질문을 받으면 연구해서 자세하게 알려 주실 수 있을 것입니다.

우리가 식사 시간에 생선을 먹는 경우가 있는데, 그때 문제는 바로 가시입니다. 생선이 맛있기는 하지만 가시까지 삼킬 수는 없지 않습니까? 잘못해서 가시를 삼켜 목에 걸리기라도 하면 이비인후과까지 가야 하는 결과가 발생하기도 합니다.

실제로 제가 몇 년 전에 생선을 먹다 실수로 가시를 삼켰습니다. 그 가시가 목에 걸렸는데 아무리 노력해도 내려가지를 않았습니다. 침을 삼킬 때마다 가시가 목에 걸린 이물감이 느껴졌고 아팠습니다. 아무래도 안 될 것 같아 이비인후과를 찾아갔더니 원장님이 가시가 목에 걸린 것을 확인하고는 쉽게 뺄 수 있는 위치가 아니라며 20분이나 실랑이를 벌인 후 간신히 빼주었습니다. 가시를 목에서 빼내자 얼마나 시원했는지 모릅니다.

성경을 읽을 때 내가 아는 지식의 범위에서 이해되지 않는데도 그것을 굳이 삼키려 하면 그것이 가시가 되어 나의 신앙의 근본마저 무너뜨릴 수 있습니다. 또 나를 잘못된 길로 인도할 수도 있습니다. 그럴 때는 억지로 삼키지 말고 일단 넘어가면, 때로는 설교 시간에 궁금했던 부분들이 해결되기도 합니다. 또 성경을 읽는 중에 해석되는 경우도 있습니다. 때로는 구역 모임(목장 모임, 속회 모임 등)을 통해 깨닫게 되기도 합니다. 그러니 이해되기 어려운 부분은 억지로 해석하려 하지 말고 일단 잠시 남겨 두는 여유가 필요합니다.

꾸준하게 읽는 것이 중요하다

여섯 번째로 계속해서 떨어지는 작은 물방울이 바위에 구멍을 낸다는 점을 기억하셨으면 좋겠습니다. 이는 성경을 읽을 때도 마찬가지로 적용될 수 있습니다.

앞서 말씀드렸듯이 성경을 몇 독 했다는 것도 귀하고 존경받을 일이지만, 성경을 읽는 일에서는 그런 양적인 부분보다는 꾸준함에 더 비중을 두는 것이 좋지 않을까 생각합니다. 하루에 한 장을 읽든, 한 구절을 읽든 꾸준하게 읽는 것 말입니다.

한꺼번에 쏟아지는 소나기가 바위에 구멍을 내는 것이 아닙니다. 한 방울씩 끊임없이 똑똑 떨어지는 물방울이 언젠가는 바위에 구멍을 뚫게 됩니다. 마찬가지로 끈기 있게 성경을 지속적으로 읽어 나가면 어느 날 말로 표현할 수 없는 하나님의 은혜가 임하게 되고, 성경이 깨달아지는 은혜가 임하게 되리라 믿습니다.

여전히 기다리고 계시는 성령님

　성경을 꾸준히 읽다 보면 간혹 어쩔 수 없는 이유로 중단되는 경우가 생길 수 있습니다. 감기몸살이나 지병으로 자리에 눕기도 하고, 출장으로 며칠간 집을 떠나 있기도 합니다. 해외여행이나 각종 행사, 또는 회사에서의 업무 과다로 틈을 내지 못해 성경을 읽지 못하는 경우가 발생할 수도 있습니다. 때로는 가정불화로 감정이 상해 성경 읽는 것을 중단해 버릴 수도 있습니다.

　그런 일들이 다 해소되고 난 다음에 다시 성경을 읽는다는 것이 쉽지 않다는 것을 우리는 경험적으로 잘 알고 있습니다. 왠지 서먹하기도 하고, 이런 일들로 성경을 읽지 못했다는 자책감 또는 미안함 등이 마음에서 솟아납니다. 그러면서 자꾸 미적거리며 성경에 쉽게 손을 뻗지 못합니다. 하지만 그럴 때라도 의지적으로 다시 성경을 펴서 읽어야 합니다.

우리가 잘 알고 있는 잃었다 찾은 아들의 비유를 보면, 둘째 아들이 아버지 집을 떠나 자기 마음대로 살아갑니다. 그리고 가진 것을 다 탕진하고서야 아버지 집이 생각나 모든 것을 정리하고 아버지 집으로 돌아갑니다. 그런데 누가복음 15장 20절을 보면 "이에 일어나서 아버지께로 돌아가니라 아직도 거리가 먼데 아버지가 그를 보고 측은히 여겨 달려가 목을 안고 입을 맞추니"라고 말씀합니다.

아들을 먼저 알아본 것도 아버지였고, 아들을 향해 달려간 사람도 아버지였으며, 돌아온 아들의 목을 안고 입을 맞춘 것도 아버지였습니다. 아버지는 아들이 집을 떠나간 이후 여전히 아들이 돌아오기만을 기다리며 그 자리에서 기다렸습니다.

어떤 분이 매일 하나님과 영적인 교제를 누리겠다고 결심하고 난 다음 하나님께 이런 기도를 드렸습니다.

"하나님! 제가 새벽기도를 마친 다음 집에 돌아와서는 매일 거실에서 성경을 읽으며 하나님과 교제하도록 하겠습니다."

세 달 정도는 그 약속을 꾸준하게 잘 지켰습니다. 그런데 갑자기 회사 업무가 폭주하면서 퇴근이 늦어졌고, 피곤이 쌓이기 시작했습니다. 그러다 보니 잠이 부족해 새벽에 일어날 수가 없었습니다. 세 달이 지나 바쁜 회사 업무가 정리되자 예전처럼 새벽에 일어나 성경을 읽기 위해 거실의 소파에 앉았습니다. 그런데 그 자리에 예수님이 계셨습니다. 그분은 깜짝 놀라 예수님께 물었습니다.

"아니, 예수님! 왜 여기 계시는 거예요?"

그러자 예수님이 이렇게 말씀하시더랍니다.

"네가 나에게 매일 새벽에 이 거실에서 만나자고 하지 않았니? 나는 그 약속대로 매일 새벽에 이 자리에 있었다. 심지어 네가 회사일로 바빠 이 자리에 앉지 못할 때도 나는 여전히 이 자리에서 너를 기다리고 있었단다."

피치 못한 일로 성경 읽기가 중단되더라도 미안한 마음이나 자신의 의지에 대한 실망감 등으로 스스로 상처받지 마시기 바랍니다. 도리어 성령님은 나에게 은혜를 주시고, 깨닫게 하시고, 나와 말씀하시기 위해 여전히 나를 기다리고 계신다는 것을 기억하셨으면 좋겠습니다. 아들이 집을 떠났을 때도 집밖에서 여전히 아들을 기다렸던 그 아버지처럼 말입니다.

이 사실을 믿고, 혹 성경 읽기가 중단되었더라도 다시 성경을 펴서 읽기 시작한다면 분명 하나님이 크신 은혜를 내려 주실 것이라 믿습니다.

5.

말씀하소서 듣겠나이다

사무엘상 3장을 보면 사무엘이 처음으로 하나님을 만나는 장면이 나옵니다.

"하나님의 등불은 아직 꺼지지 아니하였으며 사무엘은 하나님의 궤 있는 여호와의 전 안에 누웠더니 여호와께서 사무엘을 부르시는지라 그가 대답하되 내가 여기 있나이다"(삼상 3:3-4).

신학자들은 이때 사무엘의 나이가 10~12세 정도 되었을 것으로 추정합니다. 당시 유대 사회에서는 12세부터를 성인으로 간주했기 때문에 하나님이 이제부터 본격적으로 하나님의 일을 시작하도록 사무엘에게 말씀하셨을 것으로 봅니다. 그런 사무엘이 온종일 엘리 제사장의 지시를 받으며 하나님을 섬기다 성막 안에 누워 있던 어느 날 하나님께서 사무엘을 부르셨습니다.

"사무엘아! 사무엘아!"

사무엘은 엘리 제사장이 자기를 부르는 줄 알고 그에게로 달려갔습니다.

"당신이 저를 부르셔서 제가 여기 왔습니다."

하지만 엘리 제사장은 자기는 부르지 않았으니 가서 자라고 했습니다. 사무엘이 돌아와 자리에 다시 누웠습니다. 그러자 하나님께서 재차 사무엘을 부르셨습니다. 사무엘은 또다시 자리에서 벌떡 일어나 엘리 제사장에게로 달려갔습니다.

"저를 부르셔서 제가 여기 왔습니다."
"아니다. 나는 너를 부른 적이 없으니 가서 자거라."

사무엘은 다시 돌아와 잠자리에 누웠습니다. 그런데 세 번째 하나님이 사무엘을 부르셨습니다.

"사무엘아! 사무엘아!"

이번엔 진짜라고 생각하며 엘리 제사장에게로 쏜살같이 달려갔는데, 그제야 영적으로 둔감해져 있었던 엘리 제사장이 하나님께서 사무엘을 부르시는 줄을 깨달아 그에게 이렇게 일러 줍니다.

"가서 누웠다가 그가 너를 부르시거든 네가 말하기를 여호와여 말씀하옵소서 주의 종이 듣겠나이다 하라"(삼상 3:9).

사무엘은 성전에서 온종일 엘리 제사장의 시중을 들며 하나님을 섬기는 일에 대해, 그리고 하나님께서 이스라엘에게 행하신 역사에 대해 수없이 들었을 것입니다. 그 정도면 하나님에 대해 어느 정도 알고 있지 않았겠습니까? 하지만 사무엘에게는 하나님에 관한 지식은 있었지만 하나님과의 인격적인 만남은 없었습니다.

> "사무엘이 아직 여호와를 알지 못하고 여호와의 말씀도 아직 그에게 나타나지 아니한 때라"(삼상 3:7).

하나님이 어떤 분이라는 것을 아는 것과 하나님과 친밀한 대화를 나누는 것, 즉 하나님을 체험적으로 만나는 것은 분명히 다릅니다. 그런데 이제 드디어 사무엘에게도 하나님과의 친밀한 교제가 이루어지는 순간이 찾아왔습니다.

> "여호와께서 임하여 서서 전과 같이 사무엘아 사무엘아 부르시는지라 사무엘이 이르되 말씀하옵소서 주의 종이 듣겠나이다"(삼상 3:10).

성경을 읽는 중요한 이유는 하나님에 관해서 알기 위함이 아니라 하나님과 친밀한 교제를 나누기 위함입니다. 사무엘을 향해 "사무엘아! 사무엘아!" 하고 부르신 하나님은 우리가 성경을 펴서 읽을 때 우리에게도 말을 걸어오십니다. 우리와 친밀한 교제를 나누시기 위해서 말입니다.

설교만이 하나님의 음성이라는 편견을 버리시기 바랍니다. 하나님이 우리에게 말을 걸어오신다는 것에 대해 "그럼 직통계시를 받는다는 말인가?" 하면서 잘못된 편견에 사로잡히면 성령님을 제한하는 것이 되어 버립니다. 신앙생활은 하나님과 나의 쌍방통행이지 결코 일방통행이 아니기 때문입니다.

눈으로는 성경을 읽고, 마음으로는 '하나님! 내게 말씀하옵소서. 내가 듣겠나이다' 하면서 성령님을 사모하면 분명히 내 영에 계신 성령님이 읽고 있는 그 성경 말씀을 통해 내게 말씀하실 줄 믿습니다.

내가 성경을 읽고 듣는 것 같지만 실은 그렇지 않습니다. 말씀이 나를 읽는 것입니다. 그렇게 생각의 폭을 넓힌다면 성령님과의 친밀한 교제가 더욱 깊어지고 풍성해지리라 믿습니다.

6.

성경을 어떻게 읽을 것인가?

기도로 시작하기

성경을 읽을 때는 먼저 기도로 시작하는 것이 좋습니다. 이 기도는 길게 할 필요가 없습니다. 매우 단순하고 간단하게 해도 됩니다.

"하나님! 이제 성경을 펴서 읽으려고 합니다. 내 영에 계신 성령님께서 저로 하여금 오늘 읽는 말씀을 깨닫게 해주시고, 그 말씀을 통해 저에게 말씀하시고자 하는 음성을 듣게 해주시옵소서. 그리고 제 눈을 열어 주의 법의 기이한 것을 보게 해주시옵소서. 예수님의 이름으로 기도하옵나이다. 아멘."

이렇게 간단히 기도해도 하나님은 얼마든지 들어주십니다. 기도는 거창하고 유창하게 해야 한다는 생각을 버리고 진솔한 마음으로 기도하면 됩니다. 하나님은 그런 기도를 원하십니다.

기도를 했다면 이제 성경을 읽어야 하지 않겠습니까? 여러분 각자가 읽는 부분을 펴서 먼저 눈으로 읽으면 됩니다.

물론 성경은 소리 내어 읽는 것이 좋다고 하는 분들도 있습니다. 그러나 그것은 어디까지나 개인적이고 주관적인 생각이지, 어느 것이 더 좋고 나쁘다고 말할 수는 없습니다. 소리를 내서 읽든, 눈으로 읽든 방법이 중요한 것이 아닙니다. 성경을 읽는다는 것 자체가 중요하다는 것을 꼭 기억하시기 바랍니다.

성경을 읽고 묵상하기

다시 말하지만 성경을 읽을 때는 한 장을 읽든 여러 장을 읽든 거기에 신경 쓰지 말고 자신에게 맞는 만큼 읽는 것이 좋습니다.

그리고 성경을 읽을 때는 하나님은 어떤 분이신지, 예수님은 어떤 분이신지, 성령님은 어떤 분이신지, 내가 고쳐야 할 부분은 무엇인지, 나에게 회개해야 할 것은 없는지 등을 살펴보시기 바랍니다.

예를 들어 마태복음 8장 24-27절을 읽었다고 가정해 봅시다.

"바다에 큰 놀이 일어나 배가 물결에 덮이게 되었으되 예수께서는 주무시는지라 그 제자들이 나아와 깨우며 이르되 주여 구원하소서 우리가 죽겠나이다 예수께서 이르시되 어찌하여 무서워하느냐 믿음이 작은 자들아 하시고 곧 일어나사 바람과 바다를 꾸짖으시니 아주 잔잔하게 되거늘 그 사람들이 놀랍게 여겨 이르되 이이가 어떠한 사람이기에 바람과 바다도 순종하는가 하더라."

이 말씀에서 예수님은 어떤 분으로 나오고 있습니까? 예수님은 갈릴리 바다에 큰 놀이 일어나 배가 물결에 덮이게 되었음에도 편안히 주무시는 분으로 나옵니다.

혹시 제주도로 여행 갈 때 비행기를 타지 않고 배를 타고 가신 적이 있다면 경험해 보셨을 것이라 생각합니다. 아무리 여객선이 크다 할지라도 바다 한가운데 들어가면 배가 흔들리게 됩니다. 파도가 심하게 치는 날이면 배는 더 흔들리고, 배 멀미를 이겨 보려고 선실에 누우면 속이 더 울렁거립니다.

갈릴리 바다에 큰 놀이 일어나 배가 뒤집힐 정도가 되었는데도 예수님은 주무시고 계셨습니다. 마태복음 8장 앞부분을 보면 예수님은 여러 가지 사역을 하셨기에 무척 피곤하셨습니다. 그래서 배에 오르시자 파도가 심하게 치고 있었음에도 피곤이 몰려와 잠에 빠지시게 되었습니다. 그러나 예수님은 자연 현상마저도 다스리시는 분이시기에 풍랑은 어떠한 해도 가할 수 없었습니다.

그리고 풍랑 속에서 죽게 되었다며 예수님을 깨운 제자들을 향해 예수님은 "믿음이 적은 자들"이라고 책망하신 뒤 풍랑을 향해서는 "잠잠하라!" 명령하시며 잠재우셨습니다.

이렇게 말씀을 읽었다면 "말씀하옵소서. 주의 종이 듣겠나이다" 하는 기도하는 마음으로 성령님을 사모하며 자신의 내면을 들여다보시기 바랍니다. 제자들은 풍랑이 일어나자 죽게 되었다고 아우성이었습니다. 그 제자들처럼 나 역시 인생의 풍랑 앞에서 죽게 되었다고 소리칠 때가 많았습니다.

경제가 어려워지고 물가가 상승하면 살아가는 것이 힘들어집니다. 주변 환경이 흔들리기 시작합니다. 건강 문제가 요동치고, 가정의 경제난이 엄청난 파도로 닥쳐옵니다. 지출해야 할 곳은 많은데 가진 것이 너무나 부족합니다. 그럴 때 하나님을 믿는 나의 믿음이 요동치지 않았습니까?

그때 성령님이 이렇게 말씀하시지 않습니까? "너에게는 하나님이 있는데 왜 그렇게 불안해하느냐? 왜 믿음의 터마저 흔들리고 있느냐? 풍랑이 일 때 예수님이 주무셨던 것은 제자들의 믿음을 보기 위함이 아니었겠느냐? 지금 네가 겪고 있는 환경과 어려움 앞에서 나는 네 믿음을 보기 원하는데 너는 지금 어떤 반응을 보이고 있느냐?"

풍랑 속에서 제자들은 주무시는 예수님을 깨웠습니다. "주여, 우리가 죽겠나이다" 하면서 말입니다. 풍랑을 만났을 때 내가 피할 곳은 예수님밖에 없습니다. 기도로 하나님께 나아가 내 사정을 아뢰는 것만이 내가 살길입니다.

이런 식으로 우리 각자에게 말씀하시는 성령님의 음성을 들으려 하면 됩니다. 그렇게 하다 보면 성령님의 음성이 점점 더 잘 들리게 되고, 성경을 통해 성령님과 교제하는 것이 쉽다는 것을 알게 되리라 확신합니다.

묵상 후 다시 기도로 나아가기

이렇게 성경을 읽고 묵상까지 했다면 이제는 그것을 가지고 하나님께 기도로 나아가는 것이 중요합니다. 우리는 대부분 성경을 읽고 묵상하는 것에서 그칩니다. 그러나 거기서 한걸음 더 나아가 묵상 중에 발견하고 깨닫고 감동 받은 것을 가지고 다시 하나님께 기도로 나아가야 합니다. 제가 이 말씀을 읽고 묵상했다면 이렇게 기도했을 것 같습니다.

"하나님 아버지! 예수님은 풍랑 속에서도 주무시고 계셨건만, 저는 제가 만난 경제적인 고통과 가정의 문제들로 인해 그런 평안함을 누리지 못했습니다. 하나님은 살아 계시고, 성령님이 내 영에 계심을 믿는다고 하면서도 외적인 환경이 요동을 치면 저는 수도 없이 흔들렸습니다. 하나님께 믿음을 보여 드리지 못했습니다. 그런 저의 잘못을 용서해 주시기를 기도하옵나이다.

믿음이 적은 자들이라고 책망을 들었던 제자들처럼 저 역시 믿음을 현실에 적용하지 못하고 있으니 믿음이 적은 자라 책망을 들어 마땅합니다. 이 또한 저의 불신앙이었음을 회개합니다. 용서해 주시옵소서. 이것을 깨닫게 해주셨음에 감사합니다.

제자들이 예수님을 깨웠던 것처럼 이제 저도 하나님께 기도로 나아갑니다. 지금 제가 경제적으로 무척이나 힘이 듭니다. 당장 지출해야 할 것이 많고 그것이 채워지지 않으면 어려움을 겪을 수밖에 없다는 것을 하나님이 더 잘 아시지 않습니까? 하나님! 저를 도와주시옵소서. 필요한 부분마다 하나님의 공급하시는 은혜가 임하게 해주시옵소서. 예수님이 바람과 바다를 꾸짖으시자 잔잔하게 되었던 것처럼, 하나님의 공급하심으로 이 풍랑이 잠잠케 되는 역사가 일어나고 이로 인해 하나님과의 더 깊은 관계로 나아가게 해주시옵소서.

풍랑 속에서 제자들이 어려움을 겪고 있을 때 예수님은 주무시고 계셨습니다. 그래서 마치 예수님은 풍랑에 무관심한 것처럼 보였습니다.

하지만 하나님 아버지, 제가 만난 환경이 너무나 힘들게 전개되어 가고, 죽을 지경이 되어 마치 하나님이 나의 기도를 듣지 않으시는 것 같다는 생각이 들지라도, 여전히 하나님은 나에게 관심을 가지고 계심을 의심하지 않게 해주시옵소서. 그런 때에도 소망의 닻을 오직 하나님께 둘 수 있도록 저의 믿음을 더욱 강건케 해주시옵소서. 바람과 바다만이 아니라 온 우주 만물의 통치자요 주인이신 하나님을 찬양합니다. 하나님은 저의 주인이십니다. 모든 것은 하나님의 손에 달려 있는 줄 믿습니다. 예수님의 이름으로 기도하옵나이다. 아멘."

이처럼 여러분도 성경을 읽다 성령님이 감동해 주신 부분이 있으면 그것을 붙잡고 기도로 나아가시면 됩니다. 그것이 말씀을 붙잡고 기도하는 것이요, 그렇게 말씀에 의지하여 기도할 때 신실하신 하나님이 그 약속대로 우리의 기도에 응답해 주십니다. 그렇게 할 때 말씀과 기도로 우리의 삶이 풍성해지고, 우리는 깊은 영성을 지닌 그리스도인으로 세워져 가게 됩니다.

암송으로 묵상의 깊이 더하기

모세가 죽은 후에 이스라엘 백성을 이끌게 된 여호수아에게 하나님은 무엇을 요구하셨습니까?

> "이 율법책을 네 입에서 떠나지 말게 하며 주야로 그것을 묵상하여 그 안에 기록된 대로 다 지켜 행하라 그리하면 네 길이 평탄하게 될 것이며 네가 형통하리라"(수 1:8).

입에서 떠나지 않게 한다는 것은 잊지 않도록 항상 외운다는 의미로 해석될 수도 있습니다. 묵상은 흔히 소의 되새김질에 비유되는데, 그것은 말씀을 한 번 읽고 끝내는 것이 아니라 시간이 있을 때마다 그 말씀의 뜻을 되뇌어 보는 것을 말합니다. 이것이 하나님이 여호수아에게 말씀하신 성공의 비결이었습니다.

제 경험에 의하면 성경 말씀을 입에서 떠나지 않게 하고 주야로 묵상하는 방법 가운데 하나가 바로 암송입니다.

앞서 마태복음 8장 24-27절을 읽었는데, 어떤 분은 그중에서도 "예수께서는 주무시는지라"(24절)라는 말씀에 감동을 받을 수 있습니다. 또 어떤 분은 "그 제자들이 나아와 깨우며 이르되 주여 구원하소서 우리가 죽겠나이다"(25절)라는 말씀에, 또 다른 분은 "예수께서 이르시되 어찌하여 무서워하느냐 믿음이 작은 자들아 하시고 곧 일어나사 바람과 바다를 꾸짖으시니 아주 잔잔하게 되거늘"(26절)이라는 말씀에 감동을 받을 수도 있을 것입니다. 그러면 그때 성경을 그냥 덮지 말고 성경 암송 카드에 옮겨 적어 보면 어떨까요?

네비게이토 출판사에서 만든 성경 구절을 쓸 수 있는 빈 카드가 있는데 거기에 경건의 시간이나 개인 성경공부, 성경 읽기, 예배 시간 등을 통해 성령님께서 내게 교훈해 주시거나 약속하신 말씀을 직접 기록해 암송하는 것입니다. 아울러 그 암송 카드를 호주머니나 핸드백에 넣고 다니다 틈이 날 때마다 꺼내 암송하면서 또다시 그 구절을 묵상합니다. 그러면 묵상이 훨씬 더 깊어지고, 영적 성장에도 큰 도움이 되리라 확신합니다.

위의 구절을 이렇게 적으면 됩니다.

마태복음 8:24

　　　　예수께서는 주무시는지라

　　　　　　　　　　　　　　　　　마태복음 8:24

마태복음 8:25

　　　　그 제자들이 나아와 깨우며 이르되
　　　　주여 구원하소서 우리가 죽겠나이다

　　　　　　　　　　　　　　　　　마태복음 8:25

마태복음 8:26

예수께서 이르시되 어찌하여 무서워하느냐 믿음이 작은 자들아 하시고
곧 일어나사 바람과 바다를 꾸짖으시니 아주 잔잔하게 되거늘

　　　　　　　　　　　　　　　　　마태복음 8:26

혹은 집에 있는 메모지에 위와 같이 적어서 시간이 있을 때마다 그 말씀을 읽고 암송하면 됩니다.

이런 식으로 암송하면 됩니다. "마태복음 8장 26절" 하고 먼저 외운 다음, 본문의 내용을 조금씩 읽으면서 암송을 시작합니다. 그리고 본문의 내용을 다 외웠으면 맨 마지막에 다시 "마태복음

8장 26절" 하면서 외우면 됩니다. 처음에는 어려워 보일 수 있으나 자주 하다 보면 성령님께서 지혜도 주시고, 기억력도 회복시켜 주시고, 또 말씀에 점점 깊이 들어가게 해주실 줄 믿습니다.

> "내가 주께 범죄하지 아니하려 하여 주의 말씀을 내 마음에 두었나이다"(시 119:11).

하나님의 말씀을 어떻게 하면 우리 마음에 둘 수 있습니까? 그 방법은 암송입니다. 암송을 하면 그 말씀이 우리의 마음에 새겨집니다. 또 그렇게 암송을 하다 보면 성경을 읽고 묵상할 때는 보지 못했던 부분이 새롭게 보이기도 하고, 성령님이 새로운 감동을 주시기도 하면서 그 말씀이 우리 마음에 자리를 잡게 됩니다.

기도하다 보면 성령님이 전에 우리가 읽었거나 암송했던 말씀을 떠오르게 하시면서 하나님의 뜻을 알게 해주실 때가 있습니다. 그리고 그 말씀을 통해 죄를 책망하시거나 회개를 촉구하시기도 합니다. 나아가 이전에 알지 못했던 부분을 새롭게 깨닫게 해주시면서 말할 수 없는 은혜를 부어 주시기도 합니다.

물론 암송을 유난히 어려워하시는 분들도 있습니다. 나이가 드셨거나, 체질적으로 암송을 힘들어하시는 분들 말입니다. 그런 경우라면 암송 카드를 만들어 자주 반복해서 읽고 또 읽어 보는 방법을 사용하면 어떨까요? 그것도 묵상하는 하나의 방법이 될 수 있습니다.

암송하거나 반복해서 읽은 말씀은 이미 내가 성경을 읽고 묵상하면서 성령님의 음성을 들었던 말씀이기 때문에 나에게는 큰 힘이 됩니다. 어려울 때 용기를 주기도 하고, 낙심하고 좌절했을 때 다시 일어서게 하기도 합니다. 그러므로 성령님이 내게 감동을 주신 구절을 암송해 보기를 꼭 권장하고 싶습니다.

> "성경 암송을 위해 투자한 시간보다 더 큰 이익 배당을 받는 방법은 없다"(네비게이토 설립자 도슨 트로트맨).

한 구절의 말씀이 나를 변화시킨다

하나님의 말씀은 살아 역사하는 운동력이 있기 때문에 성령님께서 그 말씀이 내 영에서 부딪히게 하시고, 변화의 역사를 일으키게 하십니다.

> "하나님의 말씀은 살아 있고 활력이 있어 좌우에 날선 어떤 검보다도 예리하여 혼과 영과 및 관절과 골수를 찔러 쪼개기까지 하며 또 마음의 생각과 뜻을 판단하나니"(히 4:12).

고아의 아버지라고 불리는 조지 뮬러는 원래 독일 사람인데 밤낮으로 방탕한 생활을 하다가 어머니의 눈물의 기도로 회개하고 새 사람이 된 후 선교사가 되기 위해 영국으로 건너갔습니다. 당시 영국은 산업화 운동이 일어나 많은 사람이 도시로 몰려들 때였습니다. 그리고 많은 고아들이 거리를 헤매고 있었습니다. 조지 뮬러는 그들을 보면서 무척 마음이 아팠지만 선교를 해야겠다는 생각 때문에 다른 생각을 할 수 없었습니다. 그런데 어느 날 아침 시편 68편 5절 말씀에 시선이 고정되어 버렸습니다.

"그의 거룩한 처소에 계신 하나님은 고아의 아버지시며 과부의 재판장이시라."

성경을 더는 읽을 수가 없어서 그 말씀을 부여잡고 엎드려 기도했습니다. 그 이후 그는 2천여 명의 고아를 먹이는 고아의 아버지가 되었습니다. 성령님이 성경을 통해 조지 뮬러에게 말씀하셨기 때문입니다.

제가 처음으로 담임목사로 사역한 교회는 임대 교회로 120명 정도의 성도가 모이고 있었습니다. 부임하고 난 다음에 당장 닥친 문제가 예배당 이전 문제였습니다. 건물 주인이 바뀌면서 앞으로 2년 이내에 건물을 비워 달라는 명도 소송을 냈기 때문에, 그 기간 안에 예배당 처소를 마련하지 못하면 교회 의자와 모든 집기를 들고 거리에 나앉아야 할 상황이 되고 말았습니다.

그래서 저는 매일 아침을 먹고 난 다음에 예배당에 나가 아무도 없는 곳에서 혼자 찬송을 부르며 강대상에 엎드려 기도하고 성경을 읽으면서 오전을 계속 보냈습니다. 그런데도 예배당 이전 문제는 풀리지 않았습니다. 부산 전역을 다 돌아다녀도 당시 교회 모든 재산이 4억 정도밖에 안 되었기 때문에 살 수 있는 건물이 없었습니다. 돈도 모자랐거니와 건물을 사려고 하면 주인이 값을 더 받으려고 가격을 올리다 보니 번번이 구입에 실패하고 말았습니다. 그러다 시간은 자꾸 흘러 이제 6개월도 채 남지 않았습니다. 가슴이 답답해졌고 성도들도 요동하기 시작했습니다. 그러던 어느 날 아침 다른 날과 마찬가지로 아침을 먹고 예배당에 가서 성경을 읽고 기도하던 중에 갑자기 요한복음 15장 5절 말씀이 떠올랐습니다.

"나는 포도나무요 너희는 가지라 그가 내 안에, 내가 그 안에 거하면 사람이 열매를 많이 맺나니 나를 떠나서는 너희가 아무것도 할 수 없음이라."

"나를 떠나서는 너희가 아무것도 할 수 없음이라." 이 말씀이 제 속에서 메아리쳐 울리기 시작하자 '아! 예배당 이전도 내가 하는 것이 아니었구나! 그동안 성도들과 함께 모든 지혜를 다 쏟아 냈지만 결국 그것도 내가 하려고 했던 것이구나!' 하고 깨닫게 되었습니다. 그리고는 통회자복이 쏟아져 나오기 시작했습니다.

"하나님, 죄송합니다. 용서해 주세요! 하나님을 떠나서는 아무것도 할 수 없는데 제가 혼자 하려고 했습니다. 잘못했습니다. 회개합니다."

아무도 없는 예배당에서 엉엉 울면서 기도하기 시작했습니다. 이때 정말 얼마나 간절하게 기도했는지 모릅니다. 그리고 하나님께 모든 것을 내려놓았습니다.

"이제 더는 염려하지 않겠습니다. 성도들과 함께 예배당 의자를 길거리에 내놓고 예배를 드린다 하더라도, 혹여 예배 처소가 없어 교회가 공중분해가 된다고 하더라도 받아들이겠습니다."

그런데 그 기도를 드리고 며칠이 지나서 어느 집사님이 다른 지역에 건물이 나온 것이 있는데 보러 가자고 해서 함께 가게 되었습니다. 가보니 가격 9억 1천만 원의 5층 건물이었습니다. 우리가 가진 건 5억이 전부였습니다. 도저히 살 수 없는 형편이었음에도 건축위원들에게 일단 말을 했습니다. 그런데 그 건물을 보고는 모두가 찬성을 해서 제직회와 공동의회를 거쳐 매입하게 되었고, 마침내 자체 건물을 가진 교회가 되었습니다. 부족한 금액은 은행 융자를 받아 해결했습니다.

부딪힌 말씀 앞에서 하나님을 의지하지 못했던 죄를 자백하고 회개했더니 하나님이 일하시기 시작했습니다. 그 한 구절의 말씀이 저를 깨어지게 했습니다. 회개의 기도가 터져 나오게 했습니다. 최악의 순간에도 최선을 만드시는 하나님을 의지하게 만들었습니다.

성령님은 우리가 성경을 읽고 묵상하며 암송할 때 우리로 한 구절의 말씀에 부딪치게 하십니다. 그런 일은 우리에게 얼마든지 일어날 수 있습니다. 성령님은 우리 모두에게 그런 감동과 은혜 주시기를 원하십니다. 성경 읽기와 묵상, 그리고 암송을 통해 한 구절의 말씀에 사로잡혀 우리 삶과 성품과 인격이 변하는 역사가 일어나기를 우리 주 예수님의 이름으로 축원합니다.

노트(경건의 일기)에 기록하기

　성경을 읽고 묵상한 뒤 기도까지 했다면 이제 그것을 노트에 적어 두는 것이 필요합니다. 글로 쓰는 순간 다시 한번 내 마음에 깊이 새길 수 있기 때문입니다. 물론 이것도 제가 해보니 좋았기에 권하는 것이지 결코 강요하는 것은 아닙니다. 그리고 이미 출간되어 있는 경건의 일기를 참고하시면 좋을 듯합니다.

　방법은 매우 간단합니다. 단지 자신이 느꼈던 부분을 간략하게 쓰기만 하면 됩니다. 먼저 날짜를 씁니다. 그리고 어디를 읽었는지 기록합니다. 그다음에는 묵상한 내용을 기록하고, 마지막으로 자신의 결단을 쓰면 됩니다. 그것이 힘들면 핸드폰의 메모창이나 일기 앱을 사용해 기록하는 방법도 가능할 것입니다.

앞에서 읽었던 마태복음의 예를 들어 기록해 보겠습니다.

날짜 :   년   월   일

성경 : 마태복음 8장 24-27절

묵상 : 풍랑 속에서 죽을 지경이 되자 제자들은 예수님을 깨우며 "주여, 구원하소서! 우리가 죽겠나이다!" 하고 외쳤다. 그러자 예수님이 풍랑을 꾸짖으셨고 금세 풍랑이 잠잠해졌다. 예수님은 풍랑조차 잠잠케 하시는 분이시다.

실천 : 어려움을 겪을 때 내가 하려고 애쓰지 말고 하나님께 기도로 먼저 나아가야겠다.

기록의 중요성

　하나님은 우리의 기억에 한계를 두셨습니다. "천재적인 머리보다 몽당연필이 낫다"는 말은 메모가 그만큼 중요하다는 뜻이 아니겠습니까? 성령님께서 내게 주신 은혜를 기록해 두면 나중에 시간이 지나 그것을 다시 읽었을 때 내가 지나온 영적 성장의 과정을 볼 수 있게 됩니다. 그래서 할 수만 있다면 아주 간략하게라도 기록을 해두는 것이 영적 성장과 영성 관리에도 좋다고 생각합니다.

7.

성경 읽기와 묵상 실습

지금까지 말씀드린 것을 우리 각자의 삶에 적용할 수 있도록 이제는 성경 읽기와 묵상을 함께 실습해 보려 합니다. 그에 앞서 먼저 실제로 제가 어떻게 성경을 묵상하고 기록했는지 두 가지 예로 제시했습니다. 실습 부분에서는 각자 필기구를 들고 직접 해보시기 바랍니다.

성경 읽기와 묵상의 예 (1)

날짜: 2011년 8월 23일 화요일

성경: 시편 48편 1-14절

제목: 우리를 죽을 때까지 인도하시는 하나님

묵상: 하나님은 우리의 하나님이 되시고, 우리를 죽을 때까지 인도하시는 분이시다. 하나님이 내 삶을 아시고 이끄신다. 지금까지 나를 인도하셨으니 앞으로도 지속적으로 인도하실 것이다.

실천: 사역지 이동 문제에 관해 오직 하나님만 바라보며, 하나님의 인도하심만을 믿고 기다리자.

성경 읽기와 묵상의 예 (2)

날짜 : 2012년 10월 19일 금요일

성경 : 민수기 27장 1-23절

제목 : 그 안에 영이 머무는 사람, 여호수아

묵상 : 하나님께서 모세의 뒤를 이을 이스라엘 백성의 지도자로 여호수아를 택하신 이유는 그 안에 성령님이 머물러 있었기 때문이다. 성령님의 뜻에 순종할 줄 아는 마음과 영적 지혜가 충만했기 때문이다.

실천 : 하나님께 쓰임 받고 싶다면 일에 치중하기보다는 고독과 고난을 택하고, 그래서 성령님의 음성에 민감한 자가 되자. 이 길밖에 다른 것이 없다.

성경 읽기와 묵상 실습 (1)

날짜 :

성경 :

제목 :

묵상 :

실천 :

성경 읽기와 묵상 실습 (2)

날짜 :

성경 :

제목 :

묵상 :

실천 :

8.

성경 읽기와 묵상은
순종으로 완성된다

우리는 하나님을 믿어 하나님의 자녀가 되었습니다. 그러나 하나님의 자녀가 되었다고 해서 하루아침에 천사가 되는 것은 아닙니다. 그것은 단지 신분의 변화일 뿐입니다. 신분의 변화가 일어났다면 그 신분에 맞는 행동과 인격과 품위가 뒤따라야 합니다. 그러나 그것은 자연스럽게 되는 것이 아니라 훈련을 통해 이루어집니다.

아담의 타락 이후 인간의 자아는 우리가 하나님께 나아가는 일에 방해거리가 되었고, 우리의 믿음이 성장하지 못하도록 하는 걸림돌이 되었습니다. 사람들은 고집을 버리면 자기 자신이 무너져 버릴 것이라고 생각하기 때문에 어떻게 해서든지 버리지 않으려 합니다.

그러나 하나님은 이 자아를 깨뜨리고자 하십니다. 그것이 깨져야 하나님을 주인으로 삼는 신앙생활을 제대로 할 수 있기 때문입니다. 그리고 그런 감정이 하나님의 손길 아래 있게 되면 감정도 온전히 하나님을 위한 도구가 될 수 있습니다. 그래서 하나님은 거듭난 우리를 훈련시키십니다. 어떤 훈련인가요? 바로 순종의 훈련입니다. 이를 통해 그리스도의 장성한 분량까지 자라가게 하십니다.

"우리가 다 하나님의 아들을 믿는 것과 아는 일에 하나가 되어 온전한 사람을 이루어 그리스도의 장성한 분량이 충만한 데까지 이르리니"(엡 4:13).

그렇기에 성경을 읽고 묵상하고 암송하는 것에서만 그쳐서는 안 됩니다. 삶에서 적용하며 지키는 순종이 뒤따라야 합니다.

그러나 욥바로 내려갔더니

구약성경 요나서를 보면 아밋대의 아들 요나라는 사람이 등장합니다. 어느 날 하나님의 말씀이 이 요나에게 임했습니다.

"너는 일어나 저 큰 성읍 니느웨로 가서 그것을 향하여 외치라 그 악독이 내 앞에 상달되었음이니라 하시니라"(욘 1:2).

요나에게 들은 하나님의 말씀은 전혀 엉뚱한 것이었습니다. 니느웨로 가서 회개를 외치라고 하셨기 때문입니다. 니느웨는 이스라엘에 속한 도시가 아니었습니다. 티그리스강 동쪽 기슭에 위치한 곳으로 앗수르의 수도였습니다. 앗수르는 당시 유대 나라를 괴롭히는 원수 나라이기도 했습니다. 그래서 요나는 그 말씀에 순종하지 않았습니다. 그들이 회개하고 돌아온다면 곧 원수 나라가 잘되는 것이기에 그는 니느웨로 가지 않고 욥바로 내려가 버렸습니다.

> "그러나 요나가 여호와의 얼굴을 피하려고 일어나 다시스로 도망하려 하여 욥바로 내려갔더니 마침 다시스로 가는 배를 만난지라 여호와의 얼굴을 피하여 그들과 함께 다시스로 가려고 배삯을 주고 배에 올랐더라"(욘 1:3).

2절과 3절을 이어 주는 접속사는 '그러나'입니다. 분명히 하나님의 말씀을 들었지만 요나가 생각한 것은 '그러나'였습니다. "하나님! 다른 곳은 다 버려두고 왜 하필이면 니느웨입니까? 그런 곳이라면 나 말고 다른 선지자를 보내셔도 되지 않습니까?"

우리도 이 '그러나'가 문제입니다. 주일마다 들려오는 하나님의 음성 앞에서, 성경을 펼칠 때마다 나에게 말씀하시는 성령님의 음성 앞에서 나는 무엇이라 응답하고 있습니까?

"하나님은 그렇게 말씀하셨지만, 그러나 저는 그 말씀에 따를 수 없습니다. 저에게 그런 요구는 무리입니다." "그러나 저는 아직 준비가 되어 있지 않습니다." "그러나 저는 그렇게 할 수 없습니다." 이런저런 이유를 달며 애써 외면하고 있지는 않습니까?

'그러나'를 내세웠던 요나가 내려간 곳은 니느웨가 아니라 다시스였습니다. 하나님이 말씀하신 니느웨를 받아들이지 않자 그 마음에서 다시스가 솟아나기 시작했습니다. 하나님의 말씀에 '아멘' 하며 순종하는 것을 포기하면 우리 마음속에서 그동안 꿈틀거리던 욕구가 솟아나게 됩니다.

하나님의 말씀에 '그러나'를 다는 순간 우리의 마음에서는 타협도 나오고, 현실 도피도 나오고, 들은 음성을 거부하는 태도도 나옵니다. 그것은 하나님이 내 주인이 아니라 내 자아가 주인임을 드러내는 증거입니다.

요나는 하나님의 명령을 거부하고 욥바 항구에서 배를 탔지만 그 배가 큰 풍랑을 만났고, 결국 그는 바다에 던져졌습니다. 하나님은 그 시간에 큰 물고기를 준비시켜 요나를 삼키게 하셨습니다. 큰 물고기 배 속에 갇히자 악취가 코를 찌르고, 숨이 막힐 것 같았습니다. 순종했더라면 당하지 않았을 일이었습니다. 결국 요나는 그곳에서 깊이 회개합니다.

> "주께서 나를 깊음 속 바다 가운데에 던지셨으므로 큰물이 나를 둘렀고 주의 파도와 큰 물결이 다 내 위에 넘쳤나이다 내가 말하기를 내가 주의 목전에서 쫓겨났을지라도 다시 주의 성전을 바라보겠다 하였나이다"(욘 2:3-4).

하나님은 요나의 회개기도를 들으셨고, 물고기를 명해 요나를 토해 내게 하셨습니다. 그제야 요나는 니느웨성에 가서 외치기 시작했습니다.

> "요나가 그 성읍에 들어가서 하루 동안 다니며 외쳐 이르되 사십 일이 지나면 니느웨가 무너지리라 하였더니 니느웨 사람들이 하나님을 믿고 금식을 선포하고 높고 낮은 자를 막론하고 굵은 베 옷을 입은지라"(욘 3:4-5).

요나가 겨우 하루만 전했는데도 니느웨 백성들은 회개하고 죄에서 돌이켰습니다. 금식을 선포하고, 굵은 베를 입었습니다. 이 소문이 왕에게 들리자 왕도 재 가운데 앉아 하나님의 은총을 구하는 회개의 운동이 일어나게 되었습니다. 하나님의 음성에 처음부터 순종했더라면 얼마나 좋았겠습니까?

신약성경 야고보서의 주제는 온전한 믿음입니다. 온전한 믿음이란 어떤 믿음을 말합니까? 행함이 있는 믿음입니다. 그래서 야고보서 저자는 이렇게 말씀하고 있습니다.

> "네가 보거니와 믿음이 그의 행함과 함께 일하고 행함으로 믿음이 온전하게 되었느니라"(약 2:22).

사람의 인격은 '지·정·의' 이 세 가지 요소로 구성되어 있는데, 이 가운데 어느 것 하나 중요하지 않은 것이 없습니다. 신앙에서도 마찬가지입니다.

우리는 성경을 읽을 때 지적으로 하나님이 어떤 분이신지 알게 됩니다. 성령님은 내 마음에 감동을 주십니다. 그래서 감정적으로 하나님께 반응하게 됩니다. 그리고 의지적 결단으로 말씀을 실천에 옮기게 됩니다. 따라서 믿음과 행함은 같은 것이지 따로 분리된 것이 아닙니다. 믿음이 내용이라면 행함은 형식입니다. 믿음이 속이라면 행함은 겉입니다. 믿음이 있는 자는 행함도 있습니다. 행함이 있는 자가 곧 믿음이 있는 자입니다.

시아버지를 용서해다오

한 시아버지가 있었습니다. 그분은 성격이 너무나 완고했고, 다른 이의 실수를 좀처럼 용납하지 않았습니다. 아들이 결혼을 해서 가정을 이루고 살았지만 며느리가 하는 것이 늘 못마땅했습니다. 며느리의 잘못을 지적하는 것은 예사였고, 혼을 낼 때도 있었습니다. 그러다 이분이 어느 날 에베소서 6장 4절을 읽게 되었습니다.

"또 아비들아 너희 자녀를 노엽게 하지 말고 오직 주의 교훈과 훈계로 양육하라."

이 말씀을 읽고 묵상을 하다 '자녀를 노엽게 하지 말라? 내 아들은 지금 결혼해서 잘 살고 있는데 내가 노엽게 한 적이 있었나?' 하는 생각에 이르게 되었습니다. 그런데 그 순간 그분에게 성령님의 감동하심이 임했습니다.

"며느리도 네 자녀이지 않느냐? 자녀를 노엽게 하지 말라고 했는데, 너는 며느리를 딸로 받아들이기는커녕 도리어 심하게 혼을 낼 때가 더 많지 않았느냐! 그것이 정말 사랑이었느냐? 며느리는 너 때문에 얼마나 마음이 상했는지 아느냐? 너는 십자가에서 너를 용서하신 하나님의 사랑으로 며느리를 자녀같이 여기며 사랑한 적이 있었느냐? 나는 네가 며느리에게 용서 빌기를 원한다."

그는 처음에는 그 책망을 거부하며 받아들이지 않았습니다. 하지만 성령님의 감동하심을 도저히 거부할 수 없게 되자 결국 그는 흐느껴 울며 깊이 회개했습니다.

다음 날 며느리를 찾아갔습니다. 시아버지가 며느리에게 용서를 빈다는 것이 어디 쉬운 일이겠습니까? 하지만 성경을 읽는 가운데 성령님이 하라고 하신 것이었기에 자신의 의지를 꺾었습니다. 순종했습니다.

"아가야! 내가 너무 성격이 완고해서 지난날 너에게 따뜻한 말 한마디 제대로 하지 못했구나! 너는 별다르게 잘못한 것이 없었는데도 나는 너를 혼내기에 바빴다. 미안하다. 이 시아버지를 용서해다오! 내가 너에게 너무 잘못했다."

그 말을 들은 며느리는 어땠을까요? 지난날의 아픔과 상처가 시아버지의 용서를 비는 한마디에 씻은 듯이 다 나아버렸고, 마음이 따뜻해짐을 느꼈습니다.

그리고 며느리가 말합니다. "아버님! 아닙니다. 제가 아버님을 더 잘 모시지 못해 죄송합니다. 아버님! 제가 잘못했습니다." 시아버지와 며느리는 함께 흐느끼며 울었습니다. 그때 성령님이 두 사람의 마음을 만지기 시작했고, 하나님의 은혜가 그 둘에게 임했습니다.

그날 저녁 아들에게서 전화가 왔었습니다.

"아버지! 저…아들입니다…."

"응! 그래! 무슨 일 있냐?"

아들은 전화만 해놓고는 더는 말을 잇지 못했습니다. 한동안 울기만 하다 겨우 더듬거리며 "아버지!…사…랑…합니다. 감사합니다…" 하고 말했습니다.

핸드폰 너머로 흐느껴 우는 아들의 목소리가 들려왔습니다. 아버지 역시 어느새 눈물이 뺨에 흘러내리고 있었습니다. 그러면서 "아들아! 내가 미안하다. 내가 잘못했다. 이 애비를 용서해다 오" 하며 아들에게도 용서를 구했습니다.

이런 인격의 변화는 성경을 읽고 묵상할 때 들려오는 성령님의 음성에 순종할 때 일어나는 일입니다. 그렇게 되면 우리는 예수님의 사람으로 변화되어 갑니다.

예수 중독자

나 예수 중독자가 되어야 하겠다.
술 중독자는 술로만 살다가
술로 인해 죽게 되는 것이고
아편 중독자는 아편으로 살다가
아편으로 인해 죽게 되나니
우리도 예수의 중독자 되어
예수로 살다가 예수로 죽자.
우리의 전 생활과 생명을
주님을 위해 살면 주같이 부활된다.
주의 종이니 주를 위해 일하는 자 되고
내 일 되지 않게 하자.

(고 손양원 목사님의 시)

이제야 작정헌금을 드립니다

1983년에 어느 교회에서 부흥회가 열렸습니다. 부흥회를 인도하셨던 강사 목사님은 담임목사님께 사택 보수를 위해 성도들에게 작정헌금을 하게 하자고 제의를 하셨습니다. 마침 그 집회에 어떤 신학생이 참석하고 있었는데, 성령님의 감동하심을 따라 그 역시 너무나 어려운 형편임에도 10만 원을 드릴 것을 작정했습니다. 그리고는 집회가 끝났습니다.

하지만 그 신학생은 형편이 나아지지 않았습니다. 그래서 작정헌금을 드릴 수가 없었습니다. 얼마 후 그 교회를 떠나 다른 교회에서 전도사로 사역을 했지만 형편은 달라지지 않았습니다. 그렇게 시간이 흐르다 보니 작정헌금 한 것을 잊어버리고 말았습니다. 그 후 10년의 세월이 흘렀습니다. 그 신학생은 목사 안수를 받았고, 조그마한 교회의 담임목사가 되었습니다. 어느 날 성경을 읽고 있었는데 본문은 신명기 23장이었습니다.

"네 하나님 여호와께 서원하거든 갚기를 더디 하지 말라 네 하나님 여호와께서 반드시 그것을 네게 요구하시리니 더디면 그것이 네게 죄가 될 것이라"(신 23:21).

목사님은 이 구절을 묵상하기 시작했습니다. '내가 서원하고 갚지 않은 것이 무엇이 있을까? 갚기를 더디 하면 나에게 죄가 된다고 하셨는데 혹시 내가 갚지 못한 것은 없을까?' 그 순간 그 옛날 교회 부흥회에서 헌금을 작정했던 것이 생각났습니다. 까마득하게 잊어버리고 있었지만 성령님은 "너 지난날 헌금을 작정한 적이 있지 않느냐? 나는 그것을 잊지 않고 있다. 나는 네가 그것을 지금이라도 드리기를 원한다" 하고 말씀하셨습니다.

목사님은 자신이 그것을 잊어버리고 있었던 것을 회개했습니다. 그리고 지난날 작정했던 금액을 오늘날의 화폐 가치로 계산해 50만 원을 그 교회에 헌금으로 보냈습니다. 그러자 그분의 마음에 말로 할 수 없는 기쁨이 솟아났습니다.

성경을 읽는 우리에게 성령님은 천편일률적으로 동일하게 말씀하시지 않습니다. 어떤 분에게는 용서에 대해 말씀하시고, 또 어떤 분에게는 음주에 대해 말씀하십니다. 어떤 분에게는 헌신에 대해 말씀하시고, 또 어떤 분에게는 주일 성수에 대해 말씀하십니다. 어떤 분에게는 시부모를 주님 섬기듯이 섬기라고 말씀하시고, 또 어떤 분에게는 화내는 것을 절제하라고 말씀하십니다. 어떤 분에게는 남편을 존경하라고 말씀하시고, 어떤 분에게는 아내에게 폭력을 행사하지 말고 자기 몸처럼 사랑하라고 말씀하십니다. 또 어떤 분에게는 불륜 관계에 대해 회개하고 그런 관계를 정리하라고 말씀하십니다.

그것이 어떤 것이든 내가 성경을 읽고 묵상하고 암송할 때 성령님이 깨닫게 해주시고 생각나게 해주셨다면 들려주신 음성을 따라 순종의 발걸음을 옮겨 보시기 바랍니다. 그래서 새로운 피조물로 변화되어 가는 것을 체험하고, 하나님이 주시는 넘치는 축복과 기쁨을 경험할 뿐 아니라, 영적인 깊은 세계로 들어가는 일이 일어나기를 우리 주 예수님의 이름으로 축원합니다.

> "나의 계명을 지키는 자라야 나를 사랑하는 자니 나를 사랑하는 자는 내 아버지께 사랑을 받을 것이요 나도 그를 사랑하여 그에게 나를 나타내리라"(요 14:21).

> "오! 그리스도여! 나의 전부여!"
> (성 프란치스코)

말씀하소서 듣겠나이다

1판 1쇄 인쇄 _ 2023년 3월 15일
1판 1쇄 발행 _ 2023년 3월 25일

지은이 _ 황윤정
펴낸이 _ 이형규
펴낸곳 _ 쿰란출판사

주소 _ 서울특별시 종로구 이화장길 6
편집부 _ 745-1007, 745-1301~2, 743-1300
영업부 _ 747-1004, FAX 745-8490
본사평생전화번호 _ 0502-756-1004
홈페이지 _ http://www.qumran.co.kr
E-mail _ qrbooks@daum.net / qrbooks@gmail.com
한글인터넷주소 _ 쿰란, 쿰란출판사
페이스북 _ www.facebook.com/qumranpeople
인스타그램 _ www.instagram.com/qrbooks
등록 _ 제1-670호(1988.2.27)
책임교열 _ 김유미 · 이주련

ⓒ 황윤정 2023 ISBN 979-11-6143-820-7 93230

책값은 뒤표지에 있습니다.
이 출판물은 저작권법에 의해 보호를 받는 저작물이므로 무단 복제할 수 없습니다.
파본(破本)은 구입처에서 교환해 드립니다.